SNS

SNSマーケティング
ケースで学ぶ
成果を
最大化する
技法と
ロジック

一般社団法人SNSエキスパート協会 代表理事
株式会社コムニコ マネージャー

後藤真理恵

ソシム

Marketing

■注意

(1) 本書は著者が独自に調査した結果を出版したものです。

(2) 本書の一部または全部について、個人で使用する他は、著作権上、著者およびソシム株式会社の承諾を得ずに無断で複写／複製することは禁じられております。

(3) 本書の内容の運用によっていかなる障害が生じても、ソシム株式会社、著者のいずれも責任を負いかねますのであらかじめご了承ください。

(4) 本書に掲載されている画面イメージ等は、特定の設定に基づいた環境にて再現される一例です。また、サービスのリニューアル等により、操作方法や画面が記載内容と異なる場合があります。

(5) 本書の内容についてのお問い合わせは、弊社ホームページ内のお問い合わせフォーム経由でのみ受け付けております。電話でのお問い合わせは受け付けておりませんので、あらかじめご了承ください。

(6) 商標
本書に記載されている会社名、商品名等は、一般に各社の商標または登録商標です。

はじめに

　ある調査によれば、半数以上の企業はSNSを活用しておらず、活用している企業の約3割が「効果は得られなかった」と回答しています。ざっくり計算すると「SNSを活用し、効果を感じている」企業は3社に1社程度しかありません。

（出所：https://www.tsr-net.co.jp/data/detail/1197920_1527.html）

　そう聞いて、「そうそう！ SNSマーケって、思ったほど効果が出ないんだよね」と少し安堵した方もいるかもしれません。でも、それは本心でしょうか？

　心の奥底では、「SNSマーケティングの効果はこんなものじゃない！この程度のはずがない！」と、ほのかな期待を捨てきれずにいるのではないでしょうか。

　企業や団体のSNS担当者のみなさんは、総じて勉強家で努力家です。さまざまな「SNSマーケ本」を読み、解説動画を見て、セミナーを受け、試行錯誤を繰り返しているはずです。それなのに、SNSマーケティングで思うような成果が出ないと感じるのはなぜなのでしょう？

　実は、SNSマーケティングの全体像や主要理論、X/Instagram/TikTokといった各SNSの基本的な活用法やTipsをいくら学んでも、丸暗記しても、「自社でどう活かせばいいのか」を具体的にイメージするのは簡単なことではありません。

　そこで本書が目指したのは、「フレームワークの使い方や、SNSで成果を出す思考法といった『実戦』的ノウハウを、事例を使ってスタートからゴールまで時系列に解説する」という一冊です。

　本書には、筆者が2013年からSNSマーケティング支援企業である㈱コムニコで、加えて2016年からはSNSエキスパート協会の代表理事として、数多くの企業や団体のSNSマーケティング支援を通じて得

た知見やノウハウも詰め込みました。

　Chapter1では、SNSマーケティングの現状や、成果が出にくいと感じる要因を紐解きます。ご自身の「SNSマーケティング観」が時代に合っているかどうかも、確認してみてください。

　Chapter2〜5では、ケーススタディを取り上げます。飲食業、小売業、BtoBの製造業、大企業の家電メーカーを例に、SNSマーケティングのスタートからゴールまでの進め方を時系列で示しました。ご自身にとって異業種の事例でも、「担当者になったつもり」で一連の流れを体感していただくことで、「自社ではどのように実践できるか」を具体的にイメージしやすくなるはずです。

　なお、ケーススタディで紹介する一般的マーケティング理論やフレームワークは、ごく基本的なものに絞りました。より応用的な理論やフレームワークについては、マーケティング専門書等で学びを深めていただければ幸いです。

　Chapter6では、SNSマーケティングで成果を出すために重要なマーケティング思考について解説しました。業種を問わずお勧めの「SNSアカウント運用」の進め方もまとめていますので、マニュアル的に使っていただくこともできるでしょう。

　日本でSNSが使われ始めて、まもなく四半世紀。国内の利用者数は増え続けており、2028年には1億1,360万人に達すると予測されています。つまり、SNSマーケティングの重要性はこれからさらに高まっていくということです。

（出所：https://www.soumu.go.jp/johotsusintokei/whitepaper/ja/r06/html/nd217100.html）

　みなさんの企業におけるSNSマーケティングの成果を最大化するための武器として、本書から「実戦特化型の技法とロジック」を手に入れ、存分に活用していただけることを心から願っています。

目次

はじめに ——————— 003

Chapter 1
変化し続けているマーケティングの定義。
あなたの「SNSマーケティング」観は
アップデートされているのか?

1-1 SNSマーケティングの限界? それとも進化? ——————— 014
- ■「マーケティング」の定義は、34年ぶりにどう変わったのか

1-2 SNSマーケティングの現状 ——————— 017
- ■ SNSマーケティングの「頭打ち感」が示唆するもの
- ■ SNSの多様化／ユーザーの分散化
- ■ SNSプラットフォームの進化／細分化
- ■ ユーザーの分散化
- column 「マーケティング」定義の変遷

1-3 SNSマーケティングは本当に頭打ちなのか? ——————— 029
- ■「SNSマーケティング」の定義を刷新する
- ■「SNSマーケティング」観がアップデートされていないアカウントの特徴
- ■ 成功事例からの学び

1-4 マーケティングの新定義とSNSマーケティング ——————— 036
- ■ 新マーケティング定義におけるSNSマーケティングの立ち位置

まとめ:SNSマーケティングは頭打ちではなく、進化のタイミング ——————— 039

Chapter **2** 飲食業（カフェ）の場合

CASE
昭和の純喫茶をイメージした、レトロな雰囲気のカフェをオープンさせてもうすぐ半年。ご近所の常連さんは着実に増えてきているのだが、その反面、地元以外のお客様の数がどうにも伸び悩んでいる。もっと色んな地域の人に興味を持ってもらうには、何をどうすればいい？

2-1 「ご近所さんしか来ない喫茶店」からの脱却を目指して —— 044
- ■「3C分析」で自社を取り巻く3つの要素を分析する
- ■「SWOT分析」で、自社の内部環境の「強み」「弱み」・外部環境の「機会」「脅威」を分析する
- 【2-1のまとめ】

2-2 どんなお客様が集まる、どんな喫茶店を目指すのか —— 056
- ■「STP分析」でターゲットとすべき市場と目指すべきポジションを定める
- ■「ペルソナ」を設定して、顧客理解を深める
- column 「ペルソナ」は一度作れば終わり？
- 【2-2のまとめ】

2-3 地元客はリピーター、さらに各地のカフェ好きが訪れる喫茶店を目指して —— 066
- ■SNSマーケティングの初期設計を進める
- ■「カスタマージャーニーマップ」を作る
- 【2-3のまとめ】

2-4 SNS（Instagram）経由で「喫茶DORA-DAN」にお客様を呼び込む —— 075
- ■Instagram公式アカウントを作成する
- ■Instagram公式アカウントのテーマを決める
- ■Instagram公式アカウントの運用体制／運用ルールを決める
- ■インフルエンサー活用で「認知拡大」「興味関心向上」を図る
- ■自社商品・サービスのPR施策を託すにふさわしいインフルエンサーを選ぶ
- column インフルエンサーの見つけ方

■インフルエンサー活用施策を実行する
■インフルエンサー活用の注意点
■「喫茶DORA-DAN」初のインフルエンサー活用（試食会・SNS投稿）
【2-4のまとめ】

Chapter **3** 小売業（エコレザー専門ショップ）の場合

CASE
今後の皮革製品は「エシカルでサステナブルな素材」が主流になる。そんな確信のもとエコレザー製の革小物・バッグなどを取り扱うECサイトを2年前にオープンするも、売れ行きが思わしくない。予算が限られる中、「SNS活用」という打ち手はこの現状を打破してくれるのだろうか？

3-1　そもそも「エコレザー」と「やさ革屋」に勝機はあるのか？── 102
■どんな強みを持ち、どんな市場でどんな競合と相対するのか
column 「3C分析」は万能なフレームワークなのか？
■強みを生かし、弱みを補完する戦略を考える
■「理想」と「現実」の間にあるもの
■エコレザーの「理想」と「現実」
column SNS上での口コミをリサーチするには
【3-1のまとめ】

3-2　やさ革屋が見るべきお客様とは？とるべきポジションとは？── 127
■ターゲットとすべきお客様はこんな人
■「ペルソナ」を設定して、顧客理解を深める
【3-2のまとめ】

3-3　やさ革屋が実施すべきマーケティング施策を選び出す ── 136
■企業視点でマーケティング施策を検討する
■顧客視点の「4C分析」で企業視点のマーケティング施策を検証する
■やさ革屋のためのSNSマーケティング初期設計
【3-3のまとめ】

3-4 Instagramを使って「エコレザー」「やさ革屋」の 認知を高め、お客様を増やす ――― 145

- ■ Instagram広告で「やさ革屋」「エコレザー」の認知拡大を目指す
- column Instagram広告予算はどのくらい必要?
- column 広告がユーザーに全然クリックしてもらえない時は?
- ■ マーケティング施策の成果が出ていない時は?
- ■ ECサイトでの売上を増加させるには?
- ■ ポップアップストアの売上を増加させるには?
- ■ エコレザーに対する正しい知識を広めるには?
- ■ 必要に応じて戦略の方向性から立て直す
- column 「BtoB」ビジネスと「BtoC」ビジネスの違い

【3-4のまとめ】

Chapter 4 BtoBの製造業（老舗の町工場）の場合

CASE

創業79年、技術力には定評ある老舗の町工場「株式会社みらい製作所」だが、ここ数年は人手不足が深刻化。製造業自体のイメージが良くないからか、特に若手の採用は壊滅的だ。今後も、その傾向が強くなっていくことは間違いないだろう。果たして打開策はあるのだろうか?

4-1 若者が町工場に入社してくれる可能性はあるのか? ――― 164

- ■ 「採用マーケティング」とは
- column 最近注目の「リファラル採用」「アルムナイ採用」
- ■ 「3C分析」で候補者・競合・自社について理解する
- ■ 「SWOT分析」で、採用市場における自社の「強み」「弱み」「機会」「脅威」を分析する

【4-1のまとめ】

4-2 「みらい製作所に入ってほしい若者像」の解像度を高める ―― 182

- ■ 「STP分析」でターゲットとすべき市場と目指すべきポジションを定める
- ■ 「みらい製作所」にとっての「ターゲット」「ペルソナ」を定義し、候補者理解を深める

【4-2のまとめ】

4-3　「入社してほしい若者」を「入社したい若者」に変えるには ── 186

- ■ 採用マーケティング施策の種類
- ■ 採用マーケティングの初期設計を進める
- ■ 「キャンディデイトジャーニーマップ」を作る

column　「工学系大学生」のSNS別利用率は?

【4-3のまとめ】

4-4　SNSを駆使して、 「みらい製作所に入社したい若者」を増やし集める ── 195

- ■ X／TikTok公式アカウントから情報発信する
- ■ 公式アカウント運用を継続するための「コンテンツカレンダー」
- ■ 社員インフルエンサー活用で若年層の「興味関心向上」を図る
- ■ リスクマネジメントで会社と社員を守る
- ■ 社員インフルエンサーAさん&Bさんの活躍

column　社内からのライブ配信で注意すべき点

- ■ 「みらい製作所」SNSアカウントに集まる若者の熱視線

【4-4のまとめ】

Chapter **5**　各部門が運用する非公式アカウントが 乱立している家電メーカー(大企業)の場合

CASE
社員数約2,000人の上場企業「ベンテンダー株式会社」では、既にSNSアカウントの 活用が進んでいる…のだが、各部署による「非公式アカウント」が乱立してしまってい る状況だ。これらを効果的に取りまとめ、企業として有益なSNSマーケティングを実行 することは可能なのか?

5-1　ベンテンダー社内に乱立する SNS公式アカウントの現状と課題を把握する ── 216

- ■ 社内SNSアカウントの現状(運用状況・フォロワー数など)を一斉調査
- ■ 乱立した公式アカウントが抱えている課題とは

【5-1のまとめ】

5-2　公式アカウントが抱える課題解決に向けて、SNSマーケティングを再設計する ── 224
- SNS公式アカウントの目的と対象を再定義する
- SNSの目的と対象に向けてとるべき施策を定義する（カスタマージャーニーマップ）

【5-2のまとめ】

5-3　ベンテンダー社公式SNSアカウントの運用方針／ルールを策定する ── 230
- 各部門の「SNS運用体制」を見直す

column　どうしても1人でSNSを担当せざるを得ない場合は

- ベンテンダー社SNS公式アカウントの「運用マニュアル」を作る
- ベンテンダー社「X公式アカウント」の運用方針／ルールを定める

column　各部署が自走できるまでは

- ベンテンダー社「SNS上でのコミュニケーション方針／ルール」を定める

【5-3のまとめ】

5-4　ベンテンダー社内共通の「SNSリスク対策」を整える ── 251
- ベンテンダー社全社員に向けたSNSリスク対策を実施する（研修・ガイドライン）
- ベンテンダー社SNS公式アカウント担当者に向けたSNSリスク対策を整える
- SNS炎上の予防策を整える（校正校閲の徹底・社外向けポリシー）
- 炎上予防策：公式アカウントの投稿はダブルチェック以上の体制で
- 炎上予防策：公式アカウントの投稿内容校正／校閲の徹底

column　「URLは正しいか」のチェックポイント

- 炎上予防策：社外（SNS利用者）向けソーシャルメディアポリシー
- SNS炎上の早期発見・早期消火策を整える（コンテンツモデレーション・トラブル対応フロー）
- 炎上の早期発見・早期消火策：コンテンツモデレーション
- 炎上の早期発見・早期消火策：トラブル対応フローの策定

【5-4のまとめ】

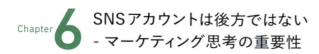

Chapter 6　SNSアカウントは後方ではない - マーケティング思考の重要性

6-1　SNSアカウント運用に必要なマーケティング思考 ── 274
- SNSマーケティングは万能ではない

- SNSアカウント運用の初期設計
- まずは目的（KGI：Key Goal Indicator）設定から
- 対象（ターゲット顧客）の理解
- 活用するSNSを選択する
- 具体的施策を決める

6-2　SNSアカウント運用はPDCAサイクルが肝 ———— 283

- SNSアカウント運用の3ステップ
- Step1：ファンを集める
- Step2：ファンとの関係を深める
- Step3：振り返る（効果測定）

6-3　進化を続けるSNSの最新情報をキャッチアップ ———— 287

- SNSの最新情報を効率よくキャッチアップするには
- 最新情報を得るためにチェックしたい情報源

まとめ：マーケティング思考があってこそSNSマーケティングは成果が出る ——— 290

おわりに ————— 291
索引 ————— 292
筆者紹介 ————— 295

Chapter 1

変化し続けているマーケティングの定義。
あなたの「SNSマーケティング」観は
アップデートされているのか？

日本にSNS（ソーシャルネットワーキングサービス）が普及したのは2004年以降と言われています。国内SNSの利用率はあれよあれよと上昇し、今では8割を超えるほどの人気ぶりです。そのため、多くの企業がSNSを新たな「チャネル」の1つと捉えてマーケティングに活用してきました。結果、SNSをきっかけに知名度を上げた企業や、商品を大ヒットさせた企業などが数多く生まれています。とはいえ、最近は「SNSマーケティングは効果が出にくくなっている」「SNSマーケティングはもはや限界」といった声が聞こえてくるのも事実。

そんな中、2024年に話題となったのが日本マーケティング協会による「マーケティングの新定義」です。34年ぶりの

定義刷新の背景として、「企業と顧客は共に価値を創造する関係性へと変化している」ことなどが挙げられました。一方で、SNSが日本で普及して早20年、SNSそのものの進化・変化も著しく、多様化とユーザーの分散化が進んでいます。

マーケティング定義が刷新され、SNSそのものも進化している現代において、本当に「SNSマーケティング」は限界を迎えてしまったのでしょうか？

それとも、マーケティングの進化やSNSそのものの進化に、私たちの「SNSマーケティング」観が追いついていないだけなのでしょうか？

本書は、そんな視点から「SNSマーケティングの技法とロジック」を突き詰めて行きます。

1-1
...

SNSマーケティングの限界？それとも進化？

SNSが日本で普及しはじめて20年以上が経過し、「SNSマーケティングはもはや頭打ちなのでは？」「SNSマーケティングはもはや限界なのでは？」といった声もちらほら聞こえてくるようになりました。そんな中、日本マーケティング協会によって「マーケティング」の定義が34年ぶりに刷新され、話題を集めています。マーケティング定義が進化したことと、「SNSマーケティングの頭打ち感」には、何か関連があるのでしょうか。

「マーケティング」の定義は、34年ぶりにどう変わったのか

2024年1月、「公益社団法人日本マーケティング協会」は「34年振りにマーケティングの定義を刷新」したことを発表しました。

*参考：https://www.jma-jp.org/info/news/916-marketing

「マーケティングの定義（2024年制定）」の内容は以下の通りです。

● マーケティングの定義（2024年制定）
（マーケティングとは）顧客や社会と共に価値を創造し、その価値を

広く浸透させることで、ステークホルダーとの関係性を醸成し、より豊かで持続可能な社会を実現する構想でありプロセスである。

注1）主体は企業のみならず、個人や非営利組織等がなり得る。
注2）関係性の醸成には、新たな価値創造のプロセスも含まれている。
注3）構想にはイニシアティブがイメージされており、戦略・仕組み・活動を含んでいる。

　何がどう変わったのかを確認するために、34年前（1990年）に制定されていた「マーケティングの定義」についても紹介しておきましょう。

● マーケティングの定義（1990年制定）
マーケティングとは、企業および他の組織[1]がグローバルな視野[2]に立ち、顧客[3]との相互理解を得ながら、公正な競争を通じて行う市場創造のための総合的活動[4]である。

[1]　教育・医療・行政などの機関、団体などを含む。
[2]　国内外の社会、文化、自然環境の重視。
[3]　一般消費者、取引先、関係する機関／個人、および地域住民を含む。
[4]　組織の内外に向けて統合、調整されたリサーチ／製品／価格／プロモーション／流通、および顧客／環境関係などに係わる諸活動を言う。

　1990年と2024年に制定されたマーケティングの定義を比較すると、時代背景や社会の変化を受けて、マーケティングの役割や重視すべきものが進化していることがわかります。

　まとめると、1990年の定義は、マーケティングを市場競争や取引の中での市場創造活動と捉え、具体的手法や国際的視点／倫理性を重視しています。
　一方、2024年の定義では、マーケティングを単なる経済活動にとどまらず、社会的課題解決手段の1つと捉えています。社会全体との関係性を重視し、環境問題等への配慮も行うことで、マーケティングを通じて持続可能な未来を創造することを目指しています。

	1990年	2024年
マーケティングとは	市場競争や市場創造活動	社会的課題解決手段の1つ
重視すべきもの	具体的手法／国際的視点／倫理性	社会全体との関係性／環境問題等への配慮／持続可能な未来創造

　できる限りシンプルに言えば、マーケティングとは「顧客や社会とともに、豊かで持続可能な社会を実現すること」なのです。

　つまり、マーケティング担当者は、「売上をいかに増やすか」「競合とどう戦うか」といった視点だけでなく、「豊かで持続可能な社会をどう実現するか」を意識し続けることが求められていると言えるでしょう。これまで以上に、社会的価値を意識した柔軟な発想と行動が大切です。

　それはSNSマーケティングにおいても同様で、「SNSを通じて、豊かで持続可能な社会をどう実現するか」を考えるべきでしょう。そして「そんなの無理だろ」と瞬間的に思った方は、SNSやSNSマーケティングの進化をキャッチアップしきれていないかもしれません。

　次節以降では、この新定義をもとにSNSマーケティングの現状と未来、「頭打ち」と感じる要因の本質を解き明かしていきます。さらに、企業が知っておくべき昨今のSNSの変化とユーザーの変化についても考察します。

1-2

SNSマーケティングの現状

前節では、マーケティングの役割や目的／対象などが変化してきたことを確認できました。つまり、マーケティングは確実に進化を遂げているのです。その一方、マーケティングの1施策である「SNSマーケティング」については、効果が出にくくなっているとの声が聞こえるのはなぜなのでしょうか。SNSおよびSNSマーケティングの現状を確認しながら、その「頭打ち感」「限界感」を生じさせている要因について考えてみましょう。

SNSマーケティングの「頭打ち感」が示唆するもの

SNSマーケティングは「限界」「終わり」「頭打ち」。

そうした印象は、総じて「SNSマーケティングで成果が感じられない」という状況が生み出している可能性があります。

そこで、SNSマーケティングにおける「頭打ち感」の要因、ひいては「成果が感じられない」ことの要因を考えてみましょう。

1 情報過多

　毎日、膨大な量のコンテンツが多種多様なSNS上に投稿され、ユーザーは情報の洪水にさらされています。その結果、企業による投稿は他社や個人の投稿に埋もれがちになり、ユーザーに届けたいメッセージが届きにくくなっています。ユーザーがその企業や商品に興味を持ってくれない限り、検索して見つけてもらうことも難しい状況です。

> **Point!**
>
> 　例えば、日本のInstagram利用者は1日あたり700万件ものストーリーズ投稿を行っていることがわかっています。しかも、これは2018年時点の数字であるため、現在はさらに投稿数が増えていると考える方が良さそうです。
>
> ・参考：https://about.fb.com/ja/news/2018/11/japan_maaupdate/

2 競争の激化

- 今では多くの企業がSNSを活用しているため、どの業界においてもSNSはレッドオーシャン化しつつあります。つまり、公式アカウント運用やキャンペーン施策などによる他社との差別化が難しくなってきているのです。

- ユーザーに届きにくいオーガニック（通常）投稿の代わりにSNS広告を出す企業も年々増えており、広告市場においても競争が激化しています。その結果、広告の費用対効果が低下する可能性が高まります。

- SNSの多様化とユーザーの分散化が進んでおり、SNS間でもユーザーの可処分時間を奪い合う競争が激化しています。特定のSNSしか活用していない企業は、ユーザーに情報を届けることも難しい可能性があります。

③ アルゴリズムの壁

- 各SNSのアルゴリズムの変化は激しく、ここ数年は「フォローしているアカウントの投稿」よりも、各SNSのAIが各ユーザーの趣味嗜好に合わせてリコメンドする「おすすめ投稿」が優先表示される傾向が高まっています。最新アルゴリズムを理解して自社の投稿に取り入れない限り、「おすすめ投稿」に載る可能性は低く、結果的にユーザーに情報を届けにくくなります。

- FacebookやInstagramなど主要SNSは広告収益を重視する傾向があり、アルゴリズムを調整した結果、結果的にオーガニックリーチ（通常投稿が届くユニークユーザー数）は、ここ数年で低下傾向にあるとも言われています。企業はオーガニック投稿で成果が出ない分を補うためにSNS広告費を増やさざるを得ず、ROI（投資対効果）が圧迫される事態が生じています。

SNSの多様化／ユーザーの分散化

　ところで、上述した「SNSマーケティングにおける『頭打ち感の要因』」①〜③には共通要素が含まれていました。それは「SNSの多様化」と「ユーザーの分散化」です。この2つの要因について深掘りしてみましょう。

図1-2-1 SNSマーケティングにおける「頭打ち感」の要因

情報過多	競争の激化	アルゴリズム の壁

SNSの多様化

ユーザーの分散化

出所：筆者作成。

　FacebookとX（当時のTwitter）が日本でサービスを開始した2008年から現在にいたるまで、色々なSNSが誕生してきました。あるSNSは消え、あるSNSは着々と進化を遂げながら、現在もなお多くのユーザーに利用されています。

　SNS黎明期であれば、ほとんどの人が「Facebook」か「Twitter」か「Instagram」のいずれか1つを自分のメインSNSと定めてアカウントを作り日々利用しているケースが大半を占めました。しかし昨今は、多くのユーザーが複数のSNSにアカウントを作り、「どんなプロフィールにするか」「どんなテーマの投稿をどんな人格（文体）で投稿するか」「どんなアカウントをフォローするか」等をSNSごとに細かく変えているケースが一般的なのです。

　こうしたSNSの進化／多様化とユーザーの分散化も、企業にとっては悩みの種になりえます。なぜなら、ユーザーに情報を届けたりコミュニケーションをとってエンゲージメントを高めたりするには、ユーザーに合わせて企業や団体も「複数のSNSを使い分ける」必要があるからです。

1-2 SNSマーケティングの現状

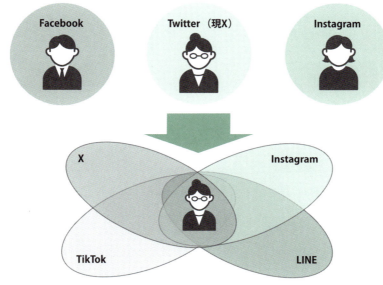

図1-2-2 ユーザーによるSNSの使い方の変化

出所：筆者作成。

SNSプラットフォームの進化／細分化

　では、現在サービス提供中のSNSはどのくらい細分化されているのでしょうか。主要な例をいくつかピックアップしてご紹介します。

X：
旧Twitter。短文を中心に多彩なコンテンツが投稿可能。リアルタイム性と拡散力が強み。決裁機能など各種サービスを備えたスーパーアプリ化を目指しているとされる。

Instagram：
画像や動画を中心に視覚的なコンテンツでユーザーの関心を引く

SNS。24時間で消えるストーリーズや、非フォロワーにも表示される
リール機能の人気が高い。

Facebook：
実名でのアカウント利用者が多いSNS。リアルな知り合いとつながり、
日々のできごとやライフイベントを投稿するユーザーも多い。主なユ
ーザーは中高年層。

LINE：
メッセージングを中心に、ニュース、ショッピング、ゲームなど多機
能を備えたSNS。国内での普及率が極めて高く、日常生活に密着した
利用が特徴。

TikTok：
縦型ショート動画メインのSNSとして急成長。AIを活用した高度な
レコメンデーション機能により、ユーザーの興味に合ったコンテンツ
を提供。エンターテインメント中心の利用から、教育やマーケティン
グツールとしても注目されている。

note：
日本発SNSで、文章、画像、音声、動画など多様な形式のコンテンツ
を簡単に投稿／販売可能。クリエイターが自身の作品を共有し、ファ
ンとの直接的なつながりを構築する場として利用される。個人だけで
なく、企業のブランディングや情報発信にも活用されている。

Threads：
Meta社が提供する、Xに対抗する短文投稿型SNS。Instagramとの連
携が強みで、シンプルかつポジティブなユーザー体験を重視。

Bluesky：

分散型SNSとして、ユーザーがプラットフォームの管理に関与できる設計を目指す新興SNS。自由でオープンなコミュニケーション環境を提供。クリエイターを中心に人気。

mixi2：

MIXI社による日本発SNS。趣味やコミュニティを中心とした「つながり」を重視し、アルゴリズムではなく100％時系列順の投稿表示など「古き良きSNS」感覚が人気。

LinkedIn：

B2B向け／ビジネスパーソン向けSNSとして、キャリア形成やビジネスのつながりを支援するプラットフォーム。求人情報や業界ニュースの共有、専門知識の発信など、企業や個人のブランディングにも活用されている。

BeReal.：

リアルな瞬間を共有することに特化した新興SNS。毎日ランダムな時間に通知が届き、その瞬間に撮影した写真を投稿することで、日常のありのままを共有する仕組みが特徴。SNS疲れを避け、自然な交流を重視。

以上、これらのSNSの分類チャートを図1-2-3にまとめました。

横軸は左に行くほど「バーチャルグラフ（趣味や関心事をきっかけとした、オンライン中心のつながり）」が多いSNSを表し、右に行くほど「ソーシャルグラフ（現実世界における友人／知人のつながり）」が多いSNSを表しています。

縦軸は、上に行くほど「フロー型（新しいコンテンツほどユーザーに見てもらいやすい）」SNSを表し、下に行くほど「ストック型（古

図1-2-3　SNSの分類図

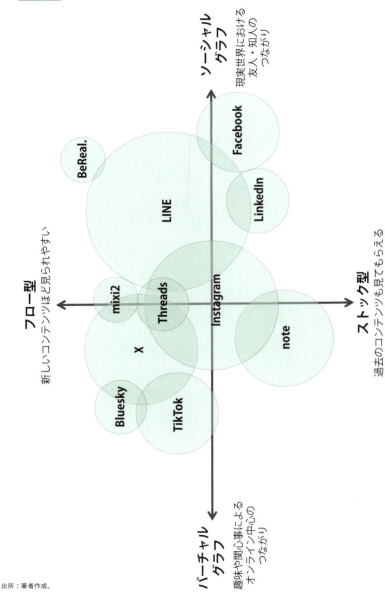

出所：筆者作成。

いコンテンツも、検索等によってユーザーに見てもらえる）」SNSを表しています。

　この分類図を見てもおわかりの通り、「特徴が完全に一致するSNS」は現在のところ存在しません。それぞれのSNSごとにユーザー数／ユーザー属性／雰囲気も異なっており、ユーザーは自分に合ったSNS、自分好みのSNSを選んで使い分けているのです。

　これは個人ユーザーに限った話ではありません。企業がSNSマーケティングで成果を挙げるにも、こうしたSNSごとの特徴やユーザー層、強み弱みなどを理解した上で、適切なSNSを選んで使い分けることが必要なのです。

ユーザーの分散化

　なお、ユーザーは「複数のSNS」を選び使い分けているだけではなく、1つのSNSに「複数のアカウント」を作って使い分けをしているケースも増えています。現在はほとんどのSNSにおいて複数アカウント作成が可能ですが、中でも「X」と「Instagram」に複数アカウントを作って活用しているユーザーが多いようです。

　個人ユーザーが複数アカウントを使い分けしている理由としては、以下に挙げる答えが多いようです。

- 趣味のジャンルで分けるため
- 情報収集のジャンルで分けるため
- 閲覧専用のアカウントを分けるため
- リアルの友人に見られたくないため
- 好きな有名人やキャラクターをフォローするため

図1-2-4　複数アカウントに分けている理由（複数回答）

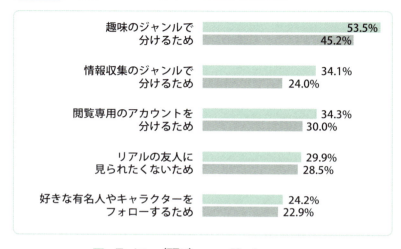

出所：マクロミル「3000人に聞いてみた！SNSアカウントの使い分け事情」より抜粋
https://monitor.macromill.com/we_asked/20220325_sns-account.html

　ユーザーによるSNSの使い方は、ここまで細分化されているのです。企業はこの事実を理解した上で、ユーザーに情報を届ける方法／ユーザーとコミュニケーションをとる方法を考え実施していく必要があります。

　本節では、SNSマーケティングの「頭打ち感」が生じている理由の例として「情報過多」「競争の激化」「アルゴリズムの壁」の3つを挙げ、さらにその3つに共通する要素として「SNSの細分化」と「ユーザーの分散化」について考察してきました。そして結論としては、SNSは終了も退化もしておらず、「変化」と「進化」を続けているようです。

ではなぜ、SNSマーケティングの「頭打ち」を感じるのでしょうか？ 次節では、「マーケティング新定義」と、現在のSNSマーケティングの乖離について考察してみます。

column

「マーケティング」定義の変遷

時代の変化とともに、「マーケティング」の定義も変化を続けてきました。単なる販売手法から、顧客や社会との深い関係構築や、顧客や社会にとっての価値創造を目指す活動へと変化してきたのです。

参考として、アメリカ合衆国の経営学者で「現代マーケティングの父」と呼ばれるフィリップ・コトラーが提唱する「マーケティング1.0～5.0」の概要を紹介します。より詳しい内容や解説は、関連書籍等をご参照いただければ幸いです。

- マーケティング1.0：製品中心のアプローチが特徴。大量生産・大量消費の時代で、優れた製品を大量に作り市場に投入すれば売れると考えられていました。

- マーケティング2.0：顧客中心のアプローチが特徴。経済発展によって多くの製品があふれ、顧客のニーズや欲求を理解し、それに応えることで顧客満足を追求することが重要とされました。

- マーケティング3.0：顧客の価値観に焦点を当てたアプローチを採用。インターネット等で消費者が様々な情報を入手できるようになり、企業の社会的責任や理念なども重視するようになりました。

- マーケティング4.0：顧客が「自己実現」を重視するようになったことを受け、企業は製品やブランドを通して、消費者の精神的欲求を満たすことが求められるようになりました。

- マーケティング5.0：AI、NLP（自然言語処理）、センサー、ロボティクス、AR（拡張現実）、VR（仮想現実）、IoT、ブロックチェーンなどの最新テクノロジーを活用することで、カスタマージャーニーマップの全工程における新しい、あるいは優れた顧客体験を作り出し提供することを重視しています。

1-3
...

SNSマーケティングは本当に頭打ちなのか?

前節での考察により、SNSは退化も終了もしておらず、むしろ「変化」と「進化」を続けていること、そしてユーザーによるSNSの利用方法も進化しつつあることが見えてきました。なのになぜ、「SNSマーケティングは頭打ち」と感じるのでしょうか? 別の要因として、「SNSマーケティング」の定義とマーケティングの新定義が乖離してしまっている可能性がありそうです。

「SNSマーケティング」の定義を刷新する

　SNS黎明期においては、「企業のFacebookページを立ち上げて1日1本投稿すれば、順調にファンが増える」「Twitter(現X)では、企業公式アカウントが1日に何本も挨拶や雑談を投稿し続けていればフォロワーが増える」「Instagramでは、プロに撮ってもらった映える画像にハッシュタグを20個前後付けて投稿するのが良い」といった様々な情報が流れていたかと思います。実際にそれらを実行することで、ある程度成果が出ていた企業もあるでしょう。また、KPIとしては「フォロワー数増加」や「いいね数獲得」などの、「短期的な成果」が重視されていたかもしれません。

これまでは、そうした施策やKPIで成果が出ていたかもしれませんが、今やSNSは進化し、ユーザーも変化してきました。さらに、マーケティングの定義も刷新されたのです。皆さんの「SNSマーケティング」の定義も、ちゃんとアップデートできているでしょうか？

　そもそも「SNSマーケティング」とは、ざっくり言うと「SNSを使って行うマーケティング」を指します。前述の「2024年制定のマーケティング定義」に基づいて、筆者による定義案をご紹介します。

● マーケティングの定義（2024年制定）
（マーケティングとは）顧客や社会と共に価値を創造し、その価値を広く浸透させることで、ステークホルダーとの関係性を醸成し、より豊かで持続可能な社会を実現する構想でありプロセスである。

● SNSマーケティングの定義（筆者による案）
SNSを使って「顧客や社会と共に価値を創造し、その価値を広く浸透させることで、ステークホルダーとの関係性を醸成し、より豊かで持続可能な社会を実現する構想でありプロセス」を実行することである。

　いかがでしょうか？
　端的に言えば、SNSを使って「価値共創」や「ステークホルダーとの関係性醸成」や「持続可能な社会」などを実現すること。それが、現代の「SNSマーケティング」と言っても過言ではないのです。

「SNSマーケティング」観が
アップデートされていないアカウントの特徴

　実際のところは、まだ「SNSマーケティング」観がアップデートされていない企業公式アカウントをよく見かけます。その特徴をいくつか例示すると、以下のようになります。

- 一方的な情報発信ばかりになっている
- SNS公式アカウントの目的が不明瞭
- ターゲットが不明確
- 他社と差別化できていない
- SNSの使い分けができていない
- 宣伝色の強い投稿が多い
- プレゼントキャンペーンの連続実施でフォロワーを増やす

図1-3-1　「SNSマーケティング」観がアップデートされていないアカウントの例

✖	一方的な情報発信ばかりになっている
✖	SNS公式アカウントの目的が不明瞭
✖	ターゲットが不明確
✖	他社と差別化できていない
✖	SNSの使い分けができていない
✖	宣伝色の強い投稿が多い
✖	プレゼントキャンペーンの連続実施でフォロワーを増やす

出所：筆者作成。

　中でも、1つ目の「一方的な情報発信ばかりになっている」という公式アカウントは後を絶ちません。おそらく、SNS＝「情報発信ツール」として捉え、ニュースリリースやメールマガジンと同等の使い方をしてしまっているのでしょう。そのため、施策が「一方的な情報発

信」に留まり、顧客や社会との「価値共創」等に繋げることができていないのです。

　しかし、「SNSマーケティング」新定義を理解すれば、SNSは「単なる広告媒体」「一方的な情報発信だけの場」ではなく、「顧客や社会との価値共創の場」、ステークホルダーとの関係性醸成でブランドの信頼性を育み、持続可能な社会への変革を加速できるツールだと認識できるようになるはずです。もちろん、認識するだけではなく、実際にそのように活用することで成果を感じられるでしょう。

成功事例からの学び

　新たなSNSマーケティングの定義に沿う形でSNSを活用することで、企業は顧客や社会とより深い関係を築き、ブランドの価値を高めるだけでなく、社会全体の変革にも寄与することができます。
　ここで、「SNSマーケティング」観をアップデートして成果を上げている企業の成功事例を見てみましょう。

● **若年層向けにバイラルキャンペーンを実施し、ブランド認知度を向上させた事例**

　某飲食チェーンは、TikTokを活用したハッシュタグ投稿キャンペーンを展開しました。来店したユーザーが店内のカプセルトイ型ゲームを楽しむ様子を撮影し、指定のハッシュタグを付けてTikTokに投稿することを促したものです。

　結果は、「投稿件数：15万件以上」「店舗来店数：キャンペーン期間中の来客数が前年比30％増」と好調でした。UGC（ユーザー生成コンテンツ）が拡散されることで、若年層へのリーチとブランド認知度の向上に成功しただけでなく、同飲食チェーンの提供価値が「食事」だ

けでなく「楽しい体験」も含まれることをユーザーに認知させることができたのです。

図1-3-2
某飲食チェーンの「ハッシュタグ投稿キャンペーン」のイメージ図

出所：筆者作成。

● **オフラインでのSDGsの取り組みをオンラインで紹介することで、認知拡大／好意度向上を実現した事例**

某小売店はSDGsの取り組みとして、Xを活用しています。取り扱っているサステナブル商品をXで紹介したり、SDGs活動を紹介したりするキャンペーンを実施しました。例えば、店舗内に洋服ポストを設置して不要な衣服の回収を通じて環境保護を推進。また、JR某駅と連携し、廃棄予定のきっぷのロール芯を使ったワークショップを開催し、消費者との接点を増やしました。これらの活動により、企業としての信頼を高め、「SDGs」と「小売店」両方に対する関心向上が実現できています。

図1-3-3
某小売店の「洋服ポストによる衣服回収キャンペーン」のイメージ図

出所：筆者作成。

● 熱心なファンコミュニティを形成し、顧客ロイヤルティを高めた事例

ある音楽グループは、公式Discordサーバーを開設し、ファン同士の交流や多言語対応のチャットルーム、イラスト共有スペースなどを提供しました。これにより、ファンコミュニティが活性化し、顧客ロイヤリティの向上に寄与しています。

Point!

「Discord」とは、音声、テキスト、動画を用いて特定の趣味やテーマに基づいたコミュニティを形成するソーシャルメディアです。もともとはゲーマー向けとしてスタートしたサービスですが、現在では教育、仕事、趣味など幅広い分野で利用されています。

以上、成功事例のほんの一部を紹介しました。いずれも、「マーケティング」の新定義に寄り添ったSNSマーケティングが実施できている

例です。具体的には、以下に挙げた新たな「SNSマーケティング」の特徴の1つ、または複数が含まれているはずですので、もう一度見返してみていただけると幸いです。

- SNSごとに異なるユーザー層を理解し、それに応じたコンテンツ作成やキャンペーン実施を行い、関係性を醸成している
- オンライン（またはオンライン＆オフライン）でのユーザー参加型キャンペーンを実施し、価値共創型の投稿コンテンツが増えるよう促している
- SNS（およびオフライン）を通じて、持続可能な社会の実現に取り組んでいることをユーザーに伝え、興味関心を持たせている

1-4
...

マーケティングの新定義と
SNSマーケティング

前節の成功事例で見たとおり、SNSには新しいマーケティング定義を実現するための機能とポテンシャルがあります。本節では、SNSを「顧客や社会との価値共創の場」として位置づけ、SNSのどの機能やどんな活用方法によって、新しいマーケティング定義を実現できるのかを考察していきます。

新マーケティング定義における
SNSマーケティングの立ち位置

2024年に制定されたマーケティングの定義は以下の通りでした。

顧客や社会と共に価値を創造し、その価値を広く浸透させることで、ステークホルダーとの関係性を醸成し、より豊かで持続可能な社会を実現する構想でありプロセスである。

そしてSNSマーケティングでは、この定義における「価値の創造」「価値の浸透」「関係性の醸成」「持続可能な社会の実現」という4つの要素を、SNSを通じて実現することが求められます。
それぞれの要素をどうSNSで実現することができるのか、例とともに見ていきましょう。

図1-4-1 SNSで実現したい「マーケティング」定義の4要素

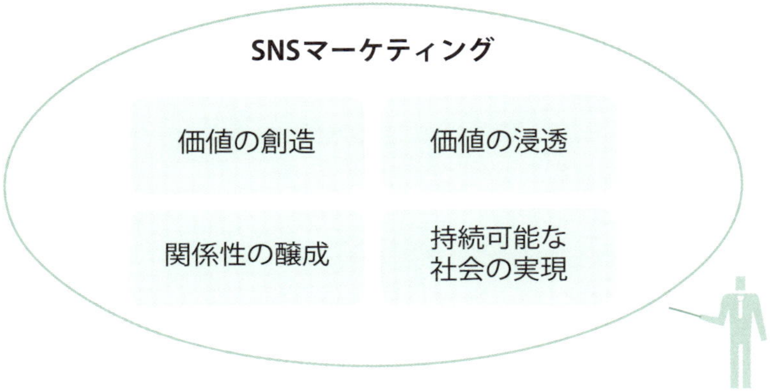

SNSマーケティング

価値の創造　　価値の浸透

関係性の醸成　持続可能な
社会の実現

出所：筆者作成。

①「価値の創造」におけるSNSマーケティング

　SNSは、顧客や社会と直接対話できる場であり、双方向のコミュニケーションを通じて価値を共に創造できるプラットフォームです。例えば、SNS上に投稿されたユーザーの声や商品へのフィードバックをリアルタイムで収集し、それをもとに製品やサービスを改善することで、顧客と共に新しい価値を作り出すことが可能です。

例：SNSで顧客の声を分析し、新商品のアイデアを創出、ユーザー参加型キャンペーンの実施

②「価値の浸透」におけるSNSマーケティング

　SNSは情報の拡散力が非常に高く、価値を広く浸透させるには最適なツールの1つです。ターゲット層に合わせたメッセージやコンテンツを発信することで、ブランドや商品の価値を認識してもらうだけでなく、一般ユーザーによる投稿のシェアや口コミ投稿（UGC）を通じて、価値が社会全体に広がる効果を期待できます。

例：ターゲットに合わせたSNS広告の使い分け、インフルエンサーの活用

③「関係性の醸成」におけるSNSマーケティング

　SNSでは、フォロワーやユーザーとの継続的な関係構築が可能です。定期的な発信や個別コミュニケーションによる対応を通じて信頼感や親近感を育むことで、顧客との長期的な関係を築き、ステークホルダーとしての価値を高めます。

例：SNS上でユーザーとのコミュニケーション、ファンコミュニティ
　　の運営、フォロワー限定特典

④「持続可能な社会の実現」におけるSNSマーケティング

　SNSを通じて、企業の社会的責任（CSR）やサステナビリティに関する取り組みを発信することで、社会全体にポジティブな影響を与えます。企業に対してユーザーからの信頼や好感を得られるだけでなく、こうした企業の価値観や行動に共感するユーザーが増えることで、持続可能な社会を目指すムーブメントを形成する一助となります。

例：SDGs配慮商品をSNSで紹介、生成AIを使ったSNSアカウント
　　運用

　以上、ここまでの話で「SNSを活用することで、マーケティングの新定義が具現化できる」ということをご理解いただけたかと思います。これこそが、現代のSNSマーケティングのあるべき姿と言えるでしょう。

まとめ：
SNSマーケティングは頭打ちではなく、
進化のタイミング

　「SNSマーケティングは効果が出にくくなった」と感じる要因はいくつか存在します。具体的には、SNSの多様化やアルゴリズムの変化、そしてユーザー行動の激しくスピーディーな変化。つまり、SNSは「頭打ち」でも「退化」でもなく、「進化を続けている」のです。

　さらにそんな中、34年ぶりに「マーケティング」の定義がアップデートされました。企業も「マーケティング」の新しい定義に基づいた視点で、SNSとユーザーの進化を理解しつつ、SNSマーケティングの再構築に取り組めば、企業と顧客、社会が共に成長できる可能性があります。逆に言えば、従来の考えにとらわれている限り、SNSマーケティングの効果も得にくくなるでしょう。

　本書のChapter2以降では、SNSマーケティングの成果を最大化させるための具体的な手法を、いくつかのテストケースを例示しながら解説します。SNSの多様化に適応し、マーケティングの新定義を実現する道筋を示したつもりです。

　具体的には、以下に焦点を当てて解説して行きます。

- 現状分析から戦略策定までのマーケティング戦略
- SNSごとの特性を活かしたマーケティング施策設計
- マーケティングのスタートからゴールまでの、一気通貫な流れ

　これにより、SNSマーケティングが単なる「短期的な成果狙い」「流行りの施策」ではなく、企業と顧客が共に未来を創るための「長期的なマーケティング戦略」の1施策として位置づけられることを目指します。

Chapter

2

飲食業（カフェ）の場合

CASE

昭和の純喫茶をイメージした、レトロな雰囲気のカフェをオープンさせてもうすぐ半年。ご近所の常連さんは着実に増えてきているのだが、その反面、地元以外のお客様の数がどうにも伸び悩んでいる。もっと色んな地域の人に興味を持ってもらうには、何をどうすればいい？

introduction

　会社を早期退職し、念願だったカフェ「喫茶DORA-DAN」をオープンしてからもうすぐ半年になります。当店は、昭和の純喫茶をイメージしたレトロな雰囲気のカフェです。どこか懐かしさを感じるインテリアに囲まれて、おいしい喫茶店メニューや、各種「どら焼き」「おだんご」といった和スイーツをゆったりと楽しんでいただけるお店を目指してオープンしました。

　おすすめメニューは、「選べるどら焼き＆ドリンクセット（1,000円〜）」と「選べるおだんご＆ドリンクセット（1,100円〜）」です。どら焼きやおだんごはオーソドックスなタイプだけでなく、クリームやチョコレート、フルーツなどを使ったカラフルなタイプも提供しています。こうした写真映え・SNS映えするメニューやレトロなインテリアは、Z世代である娘のアドバイスも参考にしつつ取り入れてきました。

　平日は地元のお客様を中心に、休日は都内全域から若年層のお客様にご来店いただけたらいいなと思っています。そして最近になってようやく、ご近所のシニアなお客様がお友達同士で平日に来店くださるケースが増えてきました。ありがたいことに常連客も少しずつ増えてきた印象です。しかし、当店は商店街と住宅街の間に位置しておりわかりにくい場所にあるためか、新たなお客様がなかなか増えないのが悩みです。若年層のお客様に当店を利用してもらいたいのはもちろんなのですが、来店前後に近くの商店街にも足を運んでもらえたら、この街全体の活性化にもつながるのではと期待しています。でも、なかなかうまくいきません。

　ある日、娘から「どのSNSで飲食店を知りましたか」という調査結果を見せられ、「飲食店をInstagramで見つける人が多いから、絶対にInstagramをやったほうがいい」と強く勧められたので、とりあえずお店のInstagramアカウントを作ってみました。

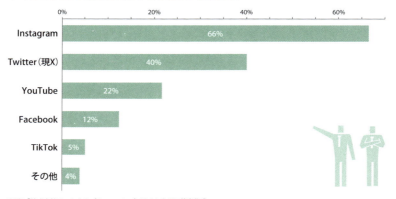

▼「どのSNSで飲食店を知りましたか」調査結果

SNS	割合
Instagram	66%
Twitter（現X）	40%
YouTube	22%
Facebook	12%
TikTok	5%
その他	4%

出所：「株式会社ファンくる（Fancrew Inc.）調べ」を元に筆者作成。
https://www.fancrew.co.jp/news/research/2304snsgourmet.html

　とはいえ、実際に何を投稿したらいいのやら、さっぱりわかりません。そこで、隣町の駅ビルにある某カフェチェーン店のSNSアカウントを参考に、「新メニューの紹介」「店内インテリアの紹介」「営業時間・定休日の案内」などを月1回くらい深夜に投稿してみましたが、「いいね」もほとんど付かずフォロワーも増えず、集客効果も感じられませんでした。
　そしてそんなこんなで、SNSは1ヶ月半以上も放置している状態です。

　ですが当店としては、「SNSは活用すべきなのか否か」を改めて確認し、その答えが「YES」であれば、本当に効果的な活用方法を知りたいと思っています。

2-1
···

「ご近所さんしか来ない喫茶店」からの脱却を目指して

progress

地元のお客様が少しずつ増えてきたのをいいことに、Instagram は完全に放置状態でした。そして気が付けば、お客様は近所の数少ない常連さんばかりで、地元以外の若いお客様を見かけることはほぼありません。でもできれば、このカフェを「都内のZ世代にも人気のお店」に育てて行きたい。Instagram を何かしらの形で活用するとして、まずは一旦、マーケティングをリスタートしたいと思っています。

「3C分析」で自社を取り巻く3つの要素を分析する

　的確なマーケティング戦略を立てるには、まず自社およびそれを取り巻く現状を正しく把握することが大切です。ということで、客観的な目線・情報を取り入れることで多角的な現状分析を行える「3C分析」から始めましょう。

　「3C分析」、つまり「自社（Company）」「顧客（Customer）」「競合（Competitor）」という、マーケティングを考える際に基本となる3つの要素を軸に分析を進めます。

2-1 「ご近所さんしか来ない喫茶店」からの脱却を目指して

 Customer（顧客・市場）

以下の観点から「自社商品にとっての潜在顧客」を把握します。

市場規模・市場の成長性・市場の変化・顧客のニーズ・購買行動・購買決定プロセス・購買決定者

　喫茶 DORA-DAN にとっての市場、すなわち「外食市場」の現状や成長性、変化について情報を得られる調査結果等を探したところ、一般社団法人日本フードサービス協会の「外食産業市場動向調査」を見つけました。参考になる情報をまとめると、次のようになります。

● 一般社団法人日本フードサービス協会による「外食産業市場動向調査」によれば、2023年は外食産業全体が回復傾向にあった。中でも「喫茶」は好調で、「売上高」「店舗数」「客数」「客単価」の全てにおける前年比（％）が、外食産業全体の平均を上回っている。

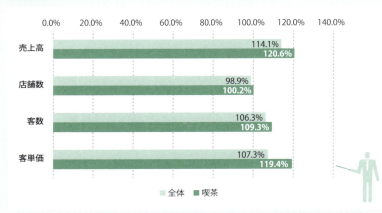

図 2-1-1　前年比「売上高」「店舗数」「客数」「客単価」

出所：「日本フードサービス協会会員社による外食産業市場動向調査 令和5年（2023年）年間結果報告」を元に筆者作成。
https://www.jfnet.or.jp/files/nenkandata-2023.pdf

2 飲食業（カフェ）の場合

045

さらに、喫茶DORA-DANの顧客に関連がありそうな消費者ニーズや変化等に関するレポート類も、「昭和／レトロ／喫茶／和菓子」などのキーワード検索により見つけることができました。参考になる情報をまとめると、次のようになります。

- 過去に何度か起きていた「昭和レトロブーム」が、2022年頃から再燃し今も続いている。外食産業に関して言えば、クリームソーダとナポリタンがブームをけん引している
- 健康志向の高まりから、「グルテンフリー」「低脂質」な和菓子に注目が集まっている
- 写真映えするスイーツやドリンクを撮影し、SNSに投稿することを楽しむ消費者が増えている

以上の調査結果やトレンドから、コロナ禍でいったん落ち込んだ外食市場は順調に回復（拡大）中であること、「昭和レトロ」「低脂質」などの各種ブームが喫茶DORA-DANへの追い風になること等が見えてきます。

2 Competitor（競合）

以下の観点から、「競争相手の立ち位置・競合状況」を把握します。

- 競争相手の数とポジション／競合企業（市場シェア／売上高／戦略／強み弱みなど）、競合商品サービス（特徴／顧客数／資金力／宣伝力／事業規模／収益性など）

喫茶DORA-DANにとって、「直接競合」に該当するのは「大手カフェチェーン店」です。駅周辺に数店舗あり、「認知度の高さ」「コストパフォーマンスの高さ」といった強みを持っています。近年はコーヒ

ー豆や小麦粉等の値上げが続いていますが、仕入価格をある程度安定させられるのも大手ならではの強みでしょう。最近は、カフェの定番メニューだけでなく、昭和レトロブームを意識した限定メニューを提供するチェーン店もあり、競合する場面が増えつつあります。「直接競合」としては他に、「喫茶DORA-DANと同様のコンセプトを掲げるカフェ」も考えられますが、幸いにも近隣には該当するようなお店は存在していません。

　「間接競合」に該当するものとしては、「ファーストフード店」や「コンビニ」が挙げられます。どちらもリーズナブルさや手軽さが強みでしょう。

　以上のことから、現時点における競合の多くは大企業だと言えます。当然ながら、認知度やコストパフォーマンス面で真っ向勝負を挑むことは避けるべきで、喫茶DORA-DANの特長や強みを生かした差別化戦略が必要になりそうです。

③　Company（自社）

以下の観点から、「自社の現状や強み弱み」等を把握します。

- 資産状況／売上高／市場シェア／収益性／技術力／宣伝力／商品の特徴／強み／弱み

　オープンしてから今日までの資金状況、売上、利益などを帳簿で確認したり、メニューや店舗の強み弱みについて娘とも話しあったりした結果、喫茶DORA-DANの現状や強み弱みは次のようになっていることがわかりました。

【ヒト】人的資源・組織など

強み
- スタッフ 1.5 名（店長・店長の娘（土日のみ勤務））とスリムな体制
- 「昭和世代（店長）」と「Z世代（娘）」がそれぞれの得意分野を生かせる体制

弱み
- 平日はワンオペ
- スタッフ 1.5 名（店長・店長の娘（土日のみ勤務））のため繁忙期は人手不足

【モノ】商品／サービス・販売チャネル・市場シェアなど

強み
- 昭和レトロなインテリア・食器・グラス類
- 懐かしの純喫茶メニュー（クリームソーダ／ナポリタンなど）
- 低脂質で写真映えする和スイーツ（各種どら焼き／おだんご）
- 常識の範囲内であれば、店内／メニューの撮影、SNSへの投稿を歓迎
- 値上がりしているコーヒー豆や小麦粉を使わないメニュー（和菓子類／緑茶など）も多数

弱み
- 駅からやや離れており、わかりにくい立地

　このように、喫茶DORA-DANには「立地」「スタッフの少なさ」という「弱み」がある反面、それを補って余りある「強み」が存在しています。具体的には、ここ数年トレンドになっている「昭和レトロ」「純喫茶」「低脂質」を特徴とするインテリアやメニュー類が該当します。また、「弱み」に挙げた「スタッフの少なさ」も、異なる視点から見れば「強み」にもなりそうです。例えば、昭和世代＆Z世代という

家族経営はコスト面、特に人件費におけるメリットが大きいだけでなく、それぞれの得意分野を生かすことで若年層からシニア層にまで喜ばれるカフェづくりを実現できる可能性を秘めていると言えるでしょう。

図2-1-2 「喫茶DORA-DAN」の3C分析

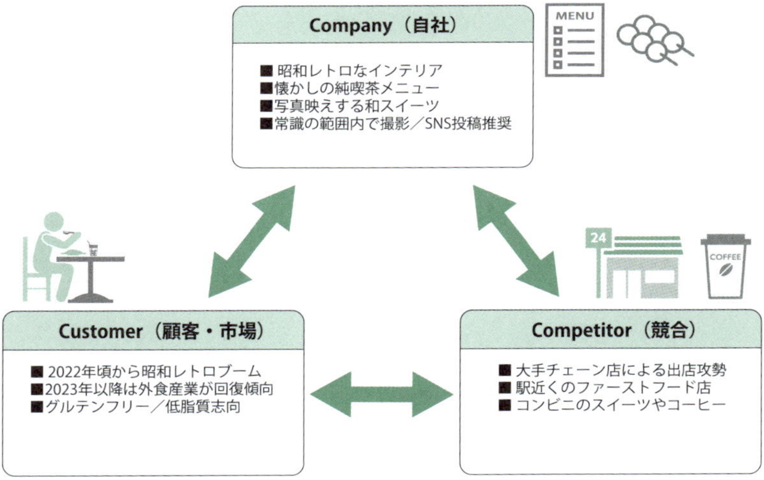
Company（自社）
■昭和レトロなインテリア
■懐かしの純喫茶メニュー
■写真映えする和スイーツ
■常識の範囲内で撮影／SNS投稿推奨
MENU
Customer（顧客・市場）
■2022年頃から昭和レトロブーム
■2023年以降は外食産業が回復傾向
■グルテンフリー／低脂質志向
Competitor（競合）
■大手チェーン店による出店攻勢
■駅近くのファーストフード店
■コンビニのスイーツやコーヒー
24
COFFEE

出所：筆者作成。

さて、3C分析で、喫茶DORA-DANの「現状」「強み」「弱み」をざっくり挙げることができましたが、あくまで「自社目線」の分析にとどまっている感があります。また、Customer/Competitor/Company、それぞれの枠内にまとめた箇条書きは、強みや弱み等が混在しておりわかりにくい状態です。

「SWOT分析」で、
自社の内部環境の「強み」「弱み」・
外部環境の「機会」「脅威」を分析する

　ここからは、「SWOT分析」で「自社を取り巻く外部環境」と「自社における内部環境のプラス面・マイナス面」をそれぞれ洗い出し分析することで、戦略立案・策定などにつなげていきたいと思います。

　喫茶DORA-DANにおけるSWOT分析を、順を追って進めてみましょう。

S：強み（Strength）：自社／商品／サービスの長所・優位性など

「昭和レトロなインテリア」×「純喫茶メニュー」×「ヘルシーな写真映え和スイーツ」が強みだと考えられます。「昭和ブーム」「喫茶ブーム」などのトレンドや店内撮影＆SNS投稿の推奨など、Z世代である店長の娘さんのアイデアを取り入れることができるのも優位点と言えそうです。

W：弱み（Weakness）：自社／商品／サービスの短所・課題など

お店の存在がご近所の方以外にはほとんど知られていないこと、駅から少々歩くうえにわかりにくい立地にあることなどが挙げられそうです。また、家族経営ならではの弱点といえるかもしれませんが、販売促進にかけられる予算や人的リソースは少ないでしょう。

O：機会（Opportunity）：自社／商品／サービスにプラスに働く外部環境の要素

新型コロナウイルス流行が収束したことから、外食産業全体が回復傾向にあります。中でも「喫茶」ジャンルは好調です。円安や人件費高騰等の理由から、小麦粉やコーヒー豆は仕入価格が上昇していますが、

喫茶DORA-DANの自信作であるおだんごや緑茶は、その影響を受けにくいと言えるでしょう。

> **T：脅威（Threat）：自社／商品／サービスにマイナスに働く外部環境の要素**
> 将来的には、和菓子原材料や緑茶類の仕入価格も上昇する可能性はゼロではありません。その一方で、コンビニエンスストアやファーストフード店と競合する機会が増えれば、メニューの低価格競争に巻き込まれてしまうリスクもあるでしょう。また、大手カフェチェーン店が喫茶DORA-DANの近くに出店する可能性も、常に頭に入れておきたいところです。

図2-1-3　「喫茶DORA-DAN」のSWOT分析

出所：筆者作成。

　このように、SWOT分析によって喫茶DORA-DANの「強み」「弱み」、外部環境の「機会」「脅威」を洗い出すことができましたが、情報量がやや多いため、これをもとに具体的戦略を決めると玉石混交な状態となり戦略の優先順位を見誤りそうです。

そこで、SWOT分析の結果を以下4種類の要素で整理し、喫茶DORA-DANが優先すべき情報にしぼりこむことができる「クロスSWOT分析」を進めたいと思います。クロスSWOT分析は、4種類の要素を組み合わせてそれぞれにおける戦略を考察し、自社がとるべき戦略を多面的に把握できるフレームワークです。

【強み（S）×機会（O）】
自社の強みを最大限に生かして、チャンス（機会）をつかむ戦略（SO戦略）

【弱み（W）×機会（O）】
自社の弱みを改善することで、着実にチャンス（機会）を狙う戦略（WO戦略）

【強み（S）×脅威（T）】
自社の強みを最大限に生かし、競合との差別化等で脅威を避ける戦略（ST戦略）

【弱み（W）×脅威（T）】
自社の弱みをふまえて無理をせず、脅威による影響を最小限に止める安全策（WT戦略）

　では、喫茶DORA-DANのとるべき4種類の戦略を、それぞれ具体的に考えてみましょう。

【強み（S）×機会（O）】
お客様やインフルエンサーに店内やメニュー写真をSNS投稿していただき、認知拡大や興味促進につなげる施策が考えられます。強みである「昭和レトロ」「純喫茶メニュー」「ヘルシーな和スイーツ」をテ

ーマとした広報活動を強化し、マスメディアへの露出も狙いたいところです。

【弱み（W）×機会（O）】

立地のわかりにくさを逆手にとって、「隠れ家カフェ」としてSNSやGoogleマップ等で訴求する施策が考えられます。

【強み（S）×脅威（T）】

円安対策として外国人観光客に向けたプロモーション施策、SNS投稿してくれたお客様に割引クーポンプレゼント、スタンプカードでリピーター増加を狙う施策などが考えられます。

【弱み（W）×脅威（T）】

原材料の仕入れ価格が高騰しているメニューは外し、安定している原材料を使うメニューに入れ替えるなど柔軟な施策が考えられそうです。営業日や営業時間を限定することで、競合との差別化を図りつつ、少ないスタッフでの経営を可能にできそうです。

図2-1-4 「喫茶DORA-DAN」のクロスSWOT分析

	S（強み）	W（弱み）
O （機会）	**SO戦略** ■ お客様によるSNS投稿推進 ■ SNSでインフルエンサー活用 ■ 「昭和レトロ」「純喫茶メニュー」「ヘルシー和スイーツ」をテーマに広報活動強化 ■ 継続的な新メニュー開発	**WO戦略** ■ SNS公式アカウントを運用し、お客様からのタグ付け／メンションを増やす ■ Googleマップやグルメサイト内店舗情報の充実 ■ 「隠れ家カフェ」として訴求
T （脅威）	**ST戦略** ■ 外国人観光客に向けたプロモーション ■ SNS投稿で割引クーポン進呈 ■ スタンプカードでリピーター育成 ■ くつろげる店内空間を訴求	**WT戦略** ■ メニューを柔軟に入れ替えることで仕入れ価格安定化 ■ 営業日や営業時間を限定することで競合と差別化

出所：筆者作成。

以上、クロスSWOT分析の結果、喫茶DORA-DANが実施できそうな施策がいろいろと見えてきました。中でも、大きなチャンスとなる可能性が高い「SO戦略」は、ぜひ実施にこぎつけたいものです。また、全体的に目立つのは無料や低予算で始められるSNS活用施策の数々です。店長が知りたがっていた「SNSは活用すべきなのか否か」に対する答えは、「YES」で間違いないでしょう。

　このように意外と多くの戦略が見つかりましたが、「販促費が少ない」という制限もあるので、優先度の高い戦略から実行に移していくのが良さそうです。
　そこで、戦略に「優先順位」を付けるために、次節では喫茶DORA-DANがターゲットとすべき市場や、とるべきポジションについて考えていきます。戦略を立てる前に必要な「市場」「環境」の分析と現状把握のフェーズが完了したので、このままマーケティング戦略立案フェーズに進みます。

2-1のまとめ

　昭和の純喫茶をイメージしたレトロな雰囲気のカフェである喫茶DORA-DANは、地元のお客様に支持されつつあるものの、地元以外のお客様が増えないという課題を抱えていました。

　そこで環境分析を行い、「昭和レトロ」「純喫茶」「低脂質」を特徴とするインテリアやメニュー類といった同店の強みや、数年前から続く昭和レトロブームや喫茶店人気といった「追い風」の存在を改めて明確にすることができましたが、一方で「立地のわかりにくさ」「販促費の少なさ」などの弱みも浮き彫りになりました。

　こうした同店の現状／強み／弱みに、外部視点や時間軸（現在・未来）を組み合わせてSWOT分析・クロスSWOT分析を行い、喫茶DORA-DANがとるべき戦略を洗い出しました。その内容は多岐にわたりますが、注目すべきは様々なSNS活用施策が挙がっている点です。

　販促費にも人的リソースにも限りがあるので、次は喫茶DORA-DANとして戦略に優先順位を付け、どれを（どれから）実施するかを決めるステップに進みます。

2-2

・・・

どんなお客様が集まる、どんな喫茶店を目指すのか

progress

現状や強み／弱み、チャンスやリスクなどを分析したことで、喫茶 DORA-DAN には SNS 活用施策がフィットしそうという点が再確認できました。ところで、喫茶 DORA-DAN ではこれまでライバル店を意識したことはあまりなく、お客様も「ご近所さんか／それ以外か」程度でしか見てこなかったように思います。限られた予算や労力を無駄なく効果的に投入するためにも、どんな方向性の戦略をとるべきかしっかり考える必要があります。

「STP分析」でターゲットとすべき市場と目指すべきポジションを定める

　ここからは、「Segmentation（セグメンテーション：市場の細分化）」「Targeting（ターゲティング：ターゲットの絞り込み）」「Positioning（ポジショニング：自社の立ち位置選定/競合との差別化）」の3つの英単語の頭文字から名付けられたSTP分析を、市場・環境分析の結果をもとに行います。

　STP分析の目的は、喫茶 DORA-DAN がターゲットとすべき市場や、

同店が目指すべきポジションを明確にすることです。このフェーズで整理した情報をもとに、次ステップであるマーケティング施策の選定へとつなげます。

図2-2-1 STP分析

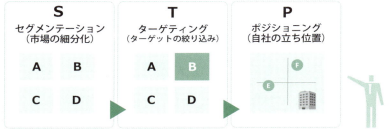

出所：筆者作成。

1　Segmentation（セグメンテーション：市場の細分化）

対象とする市場に存在している不特定多数の顧客を、属性やニーズなどの軸で細分化してグルーピングします。

セグメンテーションは、顧客を細分化する「変数」（基準）を決めて実行します。変数には色々ありますが、代表的なものは以下の通りです。

変数の種類	具体例	採用例
地理的変数	国・地域・気候・人口密度・文化・宗教など	店舗型ビジネス・気候や習慣が売上に影響を与える商材（衣服・食品・家電など）
人口動態変数	年齢・性別・職業・家族構成・収入など	アパレルほか多くの商材
心理的変数	性格・価値観・ライフスタイル・購買動機など	無添加商品・SDGs商品など・他の変数と併用
行動変数	購買歴（購買有無/頻度）・利用頻度・使用場面・商品知識など	顧客の状況（例：商品知識のない新規ユーザー／ヘビーユーザー）に合わせて、プロモーション方法を変える

環境分析の結果を参考に、喫茶DORA-DANの場合は「住所」(地理的変数)、「年齢・性別・職業（人口動態変数）」、および「カフェ・昭和レトロ・和菓子への関心有無」(心理的変数)などでセグメンテーションを行うのが良さそうです。

2　Targeting（ターゲティング：ターゲットの絞り込み）

セグメンテーションを行ったら、喫茶DORA-DANがターゲットにすべきユーザー層（セグメンテーション）を明確にします。

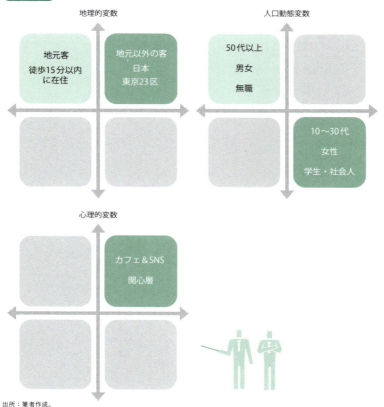

図2-2-2　変数ごとのターゲティング

出所：筆者作成。

同店の場合、大きく分けて2種類のターゲットが存在すると考えられます。すなわち「カフェとSNSに関心がある」「同店から徒歩15分以内に居住している、50代以上で無職の男女」という層、および「カフェとSNSに関心がある」「東京23区在住の10〜30代女性」という層です。

3 Positioning（ポジショニング：自社の立ち位置選定/競合との差別化）

　Positioningでは、喫茶DORA-DANと競合他社の立ち位置を考えてマッピングしてみます。「来店理由」（その店に行こうと目的を持って来店する「目的来店」と、たまたま通りかかって入店する「機会来店」）と、お客様の「滞在時間」を軸に選んで作成したポジショニングマップは図2-2-3の通りです。

図2-2-3　「喫茶DORA-DAN」のポジショニングマップ

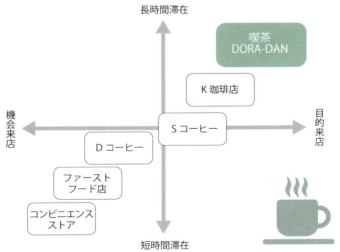

出所：筆者作成。

競合他社のうち、たまたま通りがかってふらりと入るお客様が多いのはコンビニエンスストアやファーストフード店でしょう。そして喫茶DORA-DANはそれらの対極にあたり、「昭和レトロなインテリアを楽しみたい」「懐かしの喫茶店メニューを味わいたい」など明確な目的を持って来店され、長時間滞在されるお客様が多いと考えられます。その他、大手カフェチェーンのDコーヒーはややコンビニやファーストフード店寄り、Sコーヒーは全体のおおよそ中間に位置しています。K珈琲店は、ある人気メニュー目当てのお客様が一定数存在するほか、他のカフェチェーン店に比べ長時間滞在するお客様が多いという特徴があります。

　以上のように、「喫茶DORA-DANに行きたい！と目的を持って来店くださったお客様がゆったりと滞在できるカフェ」という、同店の強み・他店との差別化ポイントが明確になりました。

「ペルソナ」を設定して、顧客理解を深める

　STP分析によって、喫茶DORA-DANが狙うべき「ターゲット」が明確になりました。次は、「ペルソナ」も設定して、顧客理解の深化／顧客視点を大切にしたマーケティング施策立案、社内への戦略共有等に活用しましょう。

喫茶DORA-DANの「ターゲット」
- カフェとSNSに関心があり、同店から徒歩15分以内居住の50代以上／無職の男女
- カフェとSNSに関心があり、東京23区在住の10〜30代女性

2-2　どんなお客様が集まる、どんな喫茶店を目指すのか

図2-2-4　「喫茶DORA-DAN」のペルソナ例

ペルソナシート（地元のお客様）

名前	松野　恵子	家族構成	夫	ビジュアルイメージ（AIで生成）
性別	女性	居住地	●●（店まで徒歩6分）	
年齢	62歳	趣味	旅行・食べ歩き	
職業	専業主婦	休日の過ごし方	―	
年収	―	性格	ポジティブ・社交的	
信条	健康・美容にも気を使いながら、アクティブシニアを目指したい			
よく見る新聞・雑誌・Webサイト	『婦人画報』・『クロワッサン』・NHKオンライン・クックパッド			
よく使うSNSと頻度	LINE：子どもや孫とのコミュニケーション（週1回） Facebook：旅行や食べ歩きを日記的に投稿（ほぼ毎日）			

ペルソナシート（地元以外のお客様）

名前	高田　優奈	家族構成	一人暮らし	ビジュアルイメージ（AIで生成）
性別	女性	居住地	中野	
年齢	24歳	趣味	カフェ巡り	
職業	メーカー勤務	休日の過ごし方	読書・動画鑑賞	
年収	400万円	性格	流行に敏感 落ち着いている	
信条	仕事も遊びも両方楽しみたい。平日は仕事に集中する分、休日は好きなことをしてリラックス＆充電したいと考えている			
よく見る新聞・雑誌・Webサイト	日経電子版・SHEIN・Googleマップ			
よく使うSNSと頻度	Instagram：友人とのコミュニケーション・情報収集（ほぼ毎日） X／TikTok：トレンド把握（ほぼ毎日） YouTube：好きなYouTuberの動画視聴（週に数回）			

出所：筆者作成。

「ペルソナ」は、基本属性に加えて価値観や趣味、1日のスケジュールなどを定義し、具体的なお客様像をモデル化するものです。これにより、顧客理解の深化・顧客視点を大切にしたマーケティング施策立案、社内への戦略共有等に役立てることができます。

なお、ターゲットが「地元のお客様」と「地元以外のお客様」の2種類存在しているので、ペルソナも2種類作ります。

「地元のお客様」のペルソナ作りにあたっては何人かの常連客との雑談内容を参考にし、（特定の個人情報にならないよう）それらの「最大公約数」を文字化するイメージで作成しました。来店されたお客様にアンケートをとって、ペルソナのたたき台にするのも有効でしょう。

「地元以外のお客様」のペルソナ作りにあたっては、SNSでデータ収集を行いました。具体的には、「昭和レトロ」や「純喫茶」などをテーマにしたカフェに関する投稿を行っている東京都在住ユーザーを検索してリストアップし、その属性を調べ、平均値（中央値）をまとめたものです。予算がとれるのであれば、リサーチ会社などを利用して数百名以上に対しアンケート調査を行うのもお勧めです。

これで、喫茶DORA-DANの狙うべきターゲット／ペルソナとポジショニングが定まりました。次節では、効果的かつ具体的なマーケティング施策の選定に進みたいと思います。

column

「ペルソナ」は一度作れば終わり?

　自社にとって最も重要で象徴的な顧客像を具体的に表現する「ペルソナ」は、一度作れば終わりではありません。以下に挙げる理由から、定期的な見直しが必要です。

■ペルソナを定期的に見直すべき理由
1. **市場が変化している可能性**：景気状況の変化、トレンドの変化、顧客ニーズの多様化、競合他社や競合商品の登場など、様々な要因によって市場は流動的に変化します。ペルソナを取り巻く市場環境が変わったことで、ペルソナそのものにも変化が生じている可能性があります。

2. **顧客自身が変化している可能性**：顧客自身の年齢やライフステージが変化することに加えて、社会情勢の変化など様々な要因を受けて顧客のニーズや価値観も変化します。以前作成したペルソナは、現在の顧客ニーズや価値観を反映していない可能性があります。

　定期的に見直すことをせず放置すると、ペルソナは実際の顧客像からどんどんかけ離れたモデルになってしまうリスクがあります。以下に挙げる方法で、定期的にブラッシュアップを続けましょう。

■ペルソナの見直し方法
1. **データ分析**：自社の顧客データや市場調査データなどを分析し、顧客の属性や行動、ニーズの変化などを把握します。

2. **顧客インタビューやアンケート**：実際に顧客にインタビューを行ったりアンケートを実施したりします。顧客のリアルな声を聞くことで、ペルソナをより具体的かつ現実に即したものにブラッシュアップできるでしょう。

3. **関係部署との連携**：店舗であればホールスタッフやショップ店員、会社であれば営業部門やカスタマーサポート部門など、顧客と直接接するスタッフや部門にヒアリングを行うことで、現場が知る顧客情報を収集します。

　定期的にペルソナを見直し、実際の顧客とズレがないかを確認し、必要に応じてブラッシュアップすることで、マーケティング戦略の精度が向上します。ペルソナ見直しのタイミングは少なくとも年に1回以上が望ましいでしょう。そのほか、市場や顧客に大きな変化があった場合や、自社で新店舗をオープンした場合、新しい商品やサービスを発売した場合など、必要に応じて随時見直しを行うこともお勧めです。

2-2のまとめ

　本節では、考えられる数多くの戦略のうち、喫茶DORA-DANにとって優先すべき戦略は何なのかを検討するため、同店がターゲットとすべき市場と、目指すべきポジションを考えました。まずはSTP分析によって、喫茶DORA-DANのターゲットとすべき市場は以下の2種類であることが見えたかと思います。

・「カフェとSNSに関心がある」「同店から徒歩15分以内に居住している、50代以上で無職の男女」という層
・「カフェとSNSに関心がある」「東京23区在住の10〜30代女性」という層。なお、ターゲットをさらに詳細にモデル化した「ペルソナ」も2種類定義

　また、喫茶DORA-DANのポジショニングについては、「喫茶DORA-DANに行きたい！と目的を持って来店してくれたお客様がゆったりと滞在できるカフェ」という立ち位置こそが、競合他社との差別化ポイントだと考えられます。

　ターゲットは「SNSに関心がある」層ですので、SNSを通じて喫茶DORA-DANの差別ポイントである特徴や強みを訴求していくのが良さそうです。

2-3

・・・

地元客はリピーター、
さらに各地のカフェ好きが訪れる
喫茶店を目指して

progress

狙うべきお客様（ターゲット）や、大手カフェチェーンなどのライバルに対してどんな立ち位置で戦うべきかなど、マーケティング戦略の方向性が固まりつつあります。ターゲットをさらに具体化した「ペルソナ」も作ることができたので、効果的なマーケティング施策を選ぶことができそうです。ただし、当店が用意できる販促費は多くないので、無料または低予算で行える「SNSマーケティング」に限定して考えたいと思っています。

SNSマーケティングの
初期設計を進める

　SNSマーケティングとはすなわち、「SNSをマーケティングに活用するための施策」のことです。そして、ここでよくある過ちは「いきなり施策（HOW）から決める」というもの。そうではなく、まずは「目的」から考えなければなりません。

　具体的には、以下の流れでSNSマーケティングの初期設計を行います。

①目的（KGI／最終目標）を決める
②対象（ターゲット・ペルソナ）を決める
③活用するSNSと施策を決める
④中間目標（KPI）を決める

　「目的」は、「SNSを使って何を実現したいのか」「SNSを使って、どんな自社課題を解決したいのか」を考えます。「対象」は、「誰に対して、SNSを使ってマーケティングを行いたいのか」を考えるものです。すなわち、「SNSを通じて、誰にどうなってほしいのか」「SNSによって、誰にどうしてほしいのか」を考えることで、「目的」「対象」を明確にするのです。

　喫茶DORA-DANが行うべきSNSマーケティングの「目的」「対象」は、次のようになります。

◎目的（KGI）

「SNSで誰にどうなってほしいのか／どうしてほしいのか」を考えた結果、以下2つに絞り込めそうです。

- 地元のお客様に常連客となってもらい、気軽に来店してくつろいでもらいたい
- 地元以外のお客様に当店を知ってもらい、「昭和レトロ」「純喫茶」「映える和スイーツ」などを目的に来店してほしい

◎対象

「誰にどうなってほしいのか／どうしてほしいのか」の「誰」を定義するとしたら、次の2つが該当するでしょう。

- 【地元のお客様】：カフェとSNSに関心があり、同店から徒歩15分以内居住の50代以上・無職の男女（ペルソナ：松野恵子さん）
- 【地元以外のお客様】：カフェとSNSに関心があり、東京23区在住の10〜30代女性（ペルソナ：高田優奈さん）

◎活用するSNS

各SNSの特長やユーザー属性、強み弱みなどを考慮して、「ペルソナが利用していそう」「自社の目的達成に適している」と思われるSNSを選びます。

- 【地元のお客様】：Facebook（利用率高い）＋LINE（スタンプカードやクーポン施策）
- 【地元以外のお客様】：Instagram（理由は以下のとおり）
  ①対象（ターゲット・ペルソナ）が利用している可能性が高い
  ②店舗の所在地・営業時間・メニュー等を表示させることで、店のホームページ代わりに利用できる
  ③写真や画像を使って店内やメニューの魅力が伝えやすい
  ④ハッシュタグを使った口コミ投稿を増やしたり広めたりできる
  ⑤「インフルエンサー活用」が有効である

※「地元以外のお客様」に対しては、Instagram以外にTikTokも候補に入れることができそうです。

図2-3-1　各SNSの特徴（2025年2月現在）

	LINE	YouTube	X（Twitter）	Instagram	TikTok	Facebook
国内ユーザー数	9,700万人	7,120万人	6,700万人	6,600万人	3,300万人	2,600万人
ユーザー属性	幅広い年齢層	10〜50代以上まで幅広い世代	20〜30代過半数／平均37歳	10〜30代中心女性が過半数	10代と20代で半数以上	30代以降の男性が多い
強み	・全国各地に圧倒的なユーザー数 ・1対1コミュニケーション ・スタンプやクーポンなどの独自機能	・豊富な情報をわかりやすく伝えられる ・縦型動画（YouTubeショート）も人気 ・YouTuberの活用 ・Google検索で表示されやすい	・カジュアルなコミュニケーション盛ん ・情報拡散力強い ・タイムリーさ重視 ・ソーシャルリスニングやアクティブサポート	・画像／動画で訴求しやすい商材向き ・ECサイトと連携しやすい ・ストーリーズ／リールも人気 ・インフルエンサーの活用	・タイムリーさ重視 ・動画編集機能豊富 ・「おすすめ」機能で新たな潜在顧客へリーチ可能 ・10代はコミュニケーションにも利用	・多彩なコンテンツが投稿可能 ・オフィシャル＆ビジネス利用が多い ・特に中高年層に訴求可 ・フォーマルな雰囲気
弱み	・無料で利用できる機能は限られる	・動画の撮影・編集にはスキルとリリースが必要	・仕様変更が頻繁に発生 ・炎上しやすい	・画像／動画の用意が必須 ・拡散力は低め	・コメント欄が流れやすい ・30代以上の利用率は低め	・お勧めの投稿頻度は1日1〜2本程度 ・若年層はあまり利用していない

出所：筆者作成。

「カスタマージャーニーマップ」を作る

　続いて、SNSで行う「施策」の検討です。

　具体的には、お客様（ペルソナ）の購買までのプロセスと「カスタマージャーニーマップ」を作り、喫茶DORA-DANがとるべき施策や考慮すべき課題を洗い出します。

　カスタマージャーニーとは、顧客（カスタマー）が商品購入（企業が設定しているゴール）に至るまでの道のり（ジャーニー）と、企業側の施策を図にまとめたものです（図2-3-2）。横軸には「顧客の行動フェーズ」を設定し、縦軸には各フェーズごとに以下のような項目を記します。

- ● ユーザー行動：ユーザーが起こすと思われる具体的行動
- ● タッチポイント：ユーザーと企業の接点（接触機会）
- ● 施策：企業がとる施策

　なお、今回はペルソナが2種類存在するので、カスタマージャーニーマップも2種類作ります。

2-3 地元客はリピーター、さらに各地のカフェ好きが訪れる喫茶店を目指して

図2-3-2 カスタマージャーニーマップ

カスタマージャーニーマップ（地元のお客様）

フェーズ	認知	興味・関心	比較・検討	購入	拡散	継続
ユーザー行動	・たまたま通りがかる ・ポスティングチラシで存在を知る	・店内の様子を覗く ・ショップカードを持ち帰る ・インターネット検索する ・チラシの情報を読む	・店頭においてあるメニューを見る ・ホームページでメニューや営業時間を調べる	・予約なしで来店する ・電話で予約して来店する	・家族や知人に話す ・家族や知人に写真を見せる ・Googleマップに口コミ投稿する	・1人で再来店する ・家族/知人と再来店する
タッチポイント	・店舗 ・チラシ	・店舗 ・ショップカード ・公式ホームページ ・Googleマップ ・チラシ	・店舗 ・公式ホームページ ・Googleマップ	・店舗 ・公式ホームページ ・Googleマップ ・ショップカード ・チラシ	・ショップカード ・Googleマップ	・店舗 ・チラシ
主な施策	ホームページ運用 チラシのポスティング	Googleマップ運用（店舗情報更新・口コミ対応） クーポンプレゼント（来店促進）			クーポンプレゼント（口コミ増加）	

出所：筆者作成。

カスタマージャーニーマップ（地元以外のお客様）

フェーズ	認知	興味・関心	比較・検討	購入	拡散	継続
ユーザー行動	・SNS (Instagram)で見かける ・インターネット検索で見つける ・フリーペーパー/雑誌で見つける	・ホームページ/グルメサイトで営業時間などを調べる ・公式SNSアカウントをフォローする ・SNSで検索する	・口コミを調べる ・所在地/メニュー/店内写真などを見る ・類似店と比較する	・予約して来店する	・感想をSNSに投稿する ・感想を口コミサイトに投稿する	・新メニュー/限定メニューを目当てに再来店する
タッチポイント	・SNS (Instagram) ・Googleマップ ・グルメ情報サイト	・Instagram ・公式ホームページ ・Googleマップ ・グルメ情報サイト	・Instagram ・ECサイト ・ポップアップストア	・予約サイト	・公式Instagram アカウント ・Googleマップ ・グルメ情報サイト	・Instagram
主な施策	SNS 公式アカウント運用（定期的な投稿による情報発信／アクティブコミュニケーション）					
	インフルエンサー活用（インフルエンサーマーケティング）					
	Googleマップ運用（店舗情報更新・口コミ対応）					
	キャンペーン（認知拡大）	キャンペーン（クーポンプレゼントなど来店促進）			キャンペーン（口コミ増加）	

出所：筆者作成。

さて、カスタマージャーニーマップを作成して検討した結果、地元のお客様と地元以外のお客様は行動プロセスも異なり、とるべき施策も異なることがわかりました。

そこで今回は、「地元以外のお客様」を対象とした施策を取り上げることにしました。具体的な実行内容については、次節以降で解説します。

- 利用するSNS：Instagram
- 施策：
  SNS公式アカウント運用
  インフルエンサー活用
  キャンペーン

2-3のまとめ

　喫茶DORA-DANのターゲットは「SNSに関心がある」層のため、SNSを活用する施策を優先的に実施する方針で進めます。まずは「SNSで誰にどうなってほしいのか／どうしてほしいのか」を考え、以下のとおり「目的」「対象」を定めました。

・地元のお客様に常連客となってもらい、気軽に来店してくつろいでもらいたい
・地元以外のお客様に当店を知ってもらい、「昭和レトロ」「純喫茶」「映える和スイーツ」などを目的に来店してほしい

　特に、地元以外のお客様の集客が急務であるため、そのユーザー層や特長から相性が良いと考えられる「Instagram」を選択。ペルソナをもとにカスタマージャーニーマップを作成し、実行する施策として「SNS公式アカウント運用」「インフルエンサー活用」「(プレゼント) キャンペーン」を選びました。

2-4

・・・

SNS（Instagram）経由で 「喫茶DORA-DAN」に お客様を呼び込む

progress

喫茶DORA-DANでは、「地元のお客様」と「地元以外のお客様」のそれぞれに合わせたマーケティング施策をとる必要があることがわかりました。地元のお客様はじわじわと増加傾向にあるので、苦戦している「地元以外のお客様」に対する施策から始めます。販促費はあまりかけられませんが、ペルソナがよく利用している「Instagram」を使い、「SNS公式アカウント運用」「インフルエンサー活用」「キャンペーン」を実行していくことにしました。

Instagram公式アカウントを 作成する

Instagramを使ったマーケティング施策の土台となるのが、「公式アカウント運用」です。まずは、個人アカウントとは別に、お店の公式アカウントを作成します。

具体的な手順は以下の通りです。

（1）Instagramアカウントを作成する

①https://www.instagram.com/にアクセスし、「登録」をクリック（図2-4-1）。

図2-4-1　Instagram トップページ

出所：筆者作成。

②アカウント登録ページが表示されるので、必須項目をすべて入力する（図2-4-2）。「フルネーム」は、Instagramアカウント名として画面に表示される名前のこと。今回は「喫茶DORA-DAN☕昭和純喫茶と和スイーツ」と入力。まだまだ店名の認知度が低いので、同店の特徴や強みを伝えられるキーワードを「☕昭和純喫茶と和スイーツ」として追加した。これにより、ユーザーがInstagramでキーワード検索した際に同店を見つけてもらえる可能性が高まることを狙っている。

「フルネーム」は後から変更可能なため、この先喫茶DORA-DANの店名やアピールポイントが変わった際には即反映させること。

「ユーザーネーム」は、「@」から始まる、英数字を組み合わせたID名のこと。今回は「Kissa_doradan」と入力（奇をてらわず覚えやすいものにした）。この「ユーザーネーム」も後から変更が可能。

図2-4-2　Instagram アカウント登録ページ

出所：筆者作成。

③誕生日を設定するページや、本人確認のために「認証コード」を入力するページが表示される。指示に正しく従えば、アカウント作成は完了。

　「誕生日」には、喫茶DORA-DANのオープン日を入れたいところだが、Instagramの利用規約上13歳未満のユーザーはアカウント作成ができない点に注意が必要。喫茶DORA-DANはオープンしてわずか半年しか経っていないので、店舗オープン日ではなく店長の誕生日を入れておくことにした。

（2）アカウントのプロフィールを充実させる

　画面の「プロフィールを編集」ボタンをクリックすると、「プロフィール写真」が設定できる（図2-4-3。画像の推奨サイズ＝320×320ピクセル）。

今回は人気メニュー（おだんごとお茶）の画像をプロフィール写真に選んだが、お店のロゴを使っても良い。プロフィール写真は公式アカウントの「顔」なので、ぱっと見で分かりやすいものがお勧め。できればコロコロ変えず、同じプロフィール写真を長く使い続けるのが良い。

　「自己紹介」では、お店のコンセプトや営業時間・定休日・最寄り駅などを150字まで入力可能。あとから変更できるので、新メニュー登場やイベント開催など最新ニュースがあるたびに内容を更新するのがお勧め。

　「リンク」では、お店のホームページや、各種グルメサイト／Googleマップ等のURLを最大5つまで設定できる。

図2-4-3　Instagram「プロフィールを編集」ページ

出所：筆者作成。

なお、今回はスキップしますが、「プロアカウントに切り替える」メニューをタップして、現在のアカウントを「プロアカウント」（企業や店舗向けの追加機能を備えたアカウント）に切り替えておくこともお勧めです。プロアカウントへの切り替えは無料ですが、Instagram広告が出せるようになったり効果測定ツール（インサイト）が使えるようになったりと、メリットが多く存在しています。

プロアカウントには、企業や団体が使える「ビジネスアカウント」と、アーティストなど個人のクリエイターが使える「クリエイターアカウント」の2種類があります。喫茶DORA-DANの場合はもちろん、「ビジネスアカウント」への切り替えがお勧めです。

さて、今回は最小限の情報で、喫茶DORA-DANのInstagramアカウントプロフィールを設定しました。ユーザー名やプロフィールなど後から変更できる項目ばかりですので、まずはアカウント作成を完了させましょう。

「喫茶DORA-DAN」公式アカウントのプロフィールページをスマートフォンで見ると、図2-4-4のようなイメージです。昨今はパソコ

図2-4-4　「喫茶DORA-DAN」のプロフィールイメージ

出所：筆者作成。

ンではなくスマートフォンでInstagramを使うユーザーが過半数のため、スマートフォンでの見え方は必ず確認しましょう。

スマートフォンの画面からでも、プロフィール写真に何が写っているか明瞭でしょうか？ 自己紹介文は、見やすく読みやすいでしょうか？ 喫茶DORA-DANのプロフィールでは、「🐾」などの絵文字も所々に追加することで、親しみやすさ／読みやすさの向上を図ってみました。

Instagram公式アカウントの
テーマを決める

公式アカウントが作成できたからといって、いきなり思いつきの投稿を行うことはお勧めしません。喫茶DORA-DANにとっての目的達成に向けて、効果的な公式アカウント運用を進めるためには、以下のような項目について決めておくことが大切です。

- 目的
- 対象
- テーマ（コンセプト）
- 運用体制／運用ルール

まず「目的」と「対象」については、ここまで実施してきた分析等により、次の内容でほぼ固まっています。

- 目的

地元以外のお客様に当店を知ってもらい、「昭和レトロ」「純喫茶」「映える和スイーツ」などを目的に来店してほしい。

● 対象

【地元以外のお客様】：カフェとSNSに関心があり、東京23区在住の10〜30代女性（ペルソナ：高田優奈さん）

次に決めたいのは、アカウントの「テーマ」です。「誰にどうなってほしい／どうしてほしい」ために、Instagramアカウントで「どんな価値を提供するか」を検討します。

喫茶DORA-DANの場合は、例えば「カフェ巡りとInstagramが趣味の20代女性」に対して「店内で撮れる魅力的な画像や動画」を伝えることで、「昭和レトロから和スイーツまで楽しめる、隠れ家的なカフェを予約して訪れたくなる情報」を提供するアカウントがテーマ（コンセプト）として考えられるでしょう。

図2-4-5 「喫茶DORA-DAN」アカウントのテーマ例

カフェ巡りとInstagramが趣味の東京23区在住20代女性　に対して

店内で撮れるインテリアやメニューの魅力的な画像や動画　を伝えることで

昭和レトロも和菓子も楽しめる「隠れ家カフェ」を訪れたくなる情報　を提供する

出所：筆者作成。

「目的」「対象」「テーマ」をふまえて公式アカウントから発信するコンテンツ（投稿内容）を考え、定期的にInstagramで投稿していきましょう。

Instagram公式アカウントの運用体制／運用ルールを決める

　公式アカウント運用で大切なのは「継続すること」です。そのためには「運用体制／運用ルール」を決めておくのが良いでしょう。

　まずは運用体制についてですが、喫茶DORA-DANの場合は幸いにも店長の娘さんがInstagramユーザーでありかなり慣れているため、Instagramアカウントのメイン担当者を務めてもらいます。とはいえ、担当者が1人きりだとオーバーワークになったり、投稿内容が炎上したりといったリスクがあるため、「承認者（ダブルチェッカー）」として店長もチームに加わるべきです。

　日々の流れとしては、Instagram投稿に必要な写真や動画撮影、投稿テキスト作成を娘さんが行い、店長が内容を確認（ダブルチェック）します。店長の最終承認を得たもののみ、娘さんがInstagramに投稿（予約）するという体制なら、炎上リスクも軽減することができそうです。

　なお、運用ルールについてもできる限り細かく定め、関わるメンバー間（喫茶DORA-DANの場合は、店長と店長娘）で共有しておくのがおすすめです。例えば、投稿頻度、写真/動画撮影のルール、コメントやDM（ダイレクトメッセージ）への対応方法やフォロー返しの有無などを固めておきましょう。口頭だけで完結させるのではなく、簡単でも良いので文字化しておいてください。

　ところで、SNSアカウントの投稿内容は、「統一感」と「一貫性」が大切です。そのためにも、トーンアンドマナーを「投稿作成ルール」としてまとめておいてください。

図2-4-6　「喫茶DORA-DAN」アカウント運用ルール

項目	ルール		備考
投稿頻度	フィード	週1回	毎週(金)20時
	ストーリーズ	平日24時間に1回	(水)はリール投稿のシェア (金)はフィード投稿のシェア 上記以外はUGCのシェア
	リール	週1回	毎週(水)20時
投稿作成	・画像/動画の撮影・テキスト作成・投稿は店長娘が担当 ・投稿案は店長が事前確認し、承認したもののみ投稿		
写真撮影	・フィードは4:5、ストーリーズとリールは9:16の縦横比で撮影、または編集する ・第三者が映りこんだ場合は、当該部分をモザイク処理をする		
コメント対応	・スパムや無意味なコメント「以外」には「いいね」を付ける ・返信する必要があるコメントにのみ「返信」する		
DM対応	・返信する必要があるDMにのみ返信する		
フォロー返し	フォロー返しはしない		

出所：筆者作成。

図2-4-7　「喫茶DORA-DAN」投稿作成ルール

項目	ルール
記号	!?♪★ のみ使う
絵文字	☕🍵🧋🍰😊 のみ使う
顔文字	使わない
文体	敬体(です・ます)
一人称	私
二人称	みなさん
ハッシュタグ	<全投稿に付ける>　　　　<投稿内容によっては付ける> #喫茶DORADAN　　　　　#クリームソーダ #東京カフェ　　　　　　　#ナポリタン #昭和レトロカフェ　　　　#どら焼き #純喫茶　　　　　　　　　#おだんご #和菓子カフェ

出所：筆者作成。

「記号や絵文字を使うか否か」や「文体」「一人称」「二人称」に加えて、Instagram投稿では欠かせない「ハッシュタグ」についてもリストアップしておきます。図2-4-7のようなルール表からハッシュタグをコピー&ペーストすることで、タイプミスや抜け漏れを防ぐことができるでしょう。

　こうしたルール類を常に最新状態で共有しておくことで、Instagramアカウントの安定運用が継続しやすくなります。また、投稿作成担当者が不在時やSNS担当を離れた時でも、代理メンバーや後任者がこれらのルールに従って「統一感ある」投稿を作ることが可能です。つまり、「担当者が退職したので、公式アカウントを今日で終了します」といった、突然の運用終了が起きるリスクを減らせるわけです。

　喫茶DORA-DANの場合も、公式アカウントメイン担当である店長の娘さんがいつか転職する可能性もゼロではありませんし、様々な理由でしばらく同店のヘルプから離れることもあるでしょう。そのような事態に陥っても、店長や新たな従業員がメイン担当者の役割を代行したり引き継いだりできるような、実用的な内容をドキュメント化しておくことが理想です。

インフルエンサー活用で「認知拡大」「興味関心向上」を図る

　同時に、Instagram活用施策として「インフルエンサー活用（インフルエンサーマーケティング）」も実施していく必要があるでしょう。本章の冒頭でも登場した調査結果によれば、Instagramで飲食店を知ったきっかけは、「広告」よりも「おすすめに出てきたユーザーの投稿」「フォローしているインフルエンサーの投稿」「フォローしている知人の投稿」が多いことがわかっています。

図2-4-8 「誰の投稿で飲食店を知りましたか」調査結果

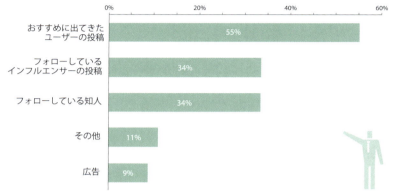

出所：株式会社ファンくる（Fancrew Inc.）調べ：https://www.fancrew.co.jp/news/research/2304snsgourmet.html

　最多回答にあるInstagramの「おすすめ」は、各ユーザーが関心を持ちそうなアカウントや投稿がAIによって選びだされて表示されるエリアであり、表示内容はユーザーごとに異なります。「喫茶DORA-DAN」公式アカウントの投稿や、同店を訪れたお客様の口コミ投稿が誰かの「おすすめ」に表示されるには、多くのユーザーに「いいね」「コメント」「保存」されるような良投稿を継続的に行うことが必要で、残念ながら近道はありません。

　一方で、回答第2位に挙がった「インフルエンサー」の投稿は、費用こそかかりますが、ある程度短時間で効果を期待できる人気の施策です。
　一般的に「インフルエンサー活用（インフルエンサーマーケティング）」とは、以下のようなPR施策をインフルエンサーに実施してもらい、そのインフルエンサーを支持するユーザーに情報を届けたり態度変容・行動変容を促したりする施策を指します。

- インフルエンサーに、SNSで商品やサービスに関連する投稿をしてもらう
- インフルエンサーに、商品やサービスのレビューをしてもらう
- インフルエンサーに、キャンペーンの拡散に協力してもらう

図2-4-9　インフルエンサー活用

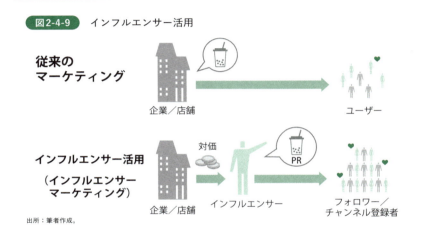

出所：筆者作成。

自社商品・サービスのPR施策を託すにふさわしいインフルエンサーを選ぶ

　インフルエンサー活用にあたってまず重要なのは、「インフルエンサー選び」です。その際、つい「フォロワー数が多いこと」を条件にしてしまいがちですが、実はもっと大切な条件が複数あります。主なチェック対象は次の通りです。

- フォロワー数はどのくらいか

フォロワーが多いほど「リーチ力は強い」「エンゲージメント率は低い」「謝礼額高め」傾向があり、少ないほど「リーチ力は弱い」「エンゲージメント率は高い」「謝礼額低め」の傾向があります。

●得意ジャンルは自社商品／サービスと親和性が高いか

ほとんどのインフルエンサーには得意分野が存在します。喫茶DORA-DANの場合は、「グルメ系」や「旅行系」「インテリア系」に強い人を選ぶのが良さそうです。

●フォロワーの属性はどうか

インフルエンサーごとに、支持を集めている年代／性別は異なります。喫茶DORA-DANのペルソナに人気がありそう（影響を与えそう）なインフルエンサーを選びましょう。

●広告主やフォロワーと信頼関係を構築できるか

ビジネスパーソンとして常識ある対応をしてくれる人／契約内容をきちんと履行してくれる人／フォロワーを大切にしており良好な関係を構築している人を選びましょう。実際に依頼／契約する前に、できればオンラインかオフラインで面談して見極められるとベストです。

　インフルエンサーのキャスティングや契約締結は専門会社に外注することも可能ですが、喫茶DORA-DANでは用意できる予算に限りがあるため、自力でインフルエンサーを探しました。例えば、「Instagram　グルメ　インフルエンサー」などのキーワードでGoogle検索してみると、多くのインフルエンサー情報を得ることができます。気になるインフルエンサーを発見したら、実際のInstagramアカウントを確認し、プロフィールやフォロワー数、投稿内容などをチェックして慎重に選定すると良いでしょう。

図2-4-10　インフルエンサーとフォロワー数の相関

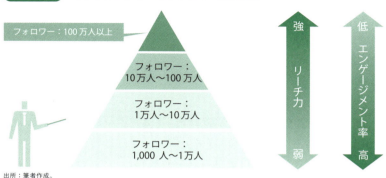

出所：筆者作成。

column
インフルエンサーの見つけ方

　インフルエンサーマーケティング（インフルエンサー活用）を実施するにあたり、ブランドや商品のPRに貢献してくれるインフルエンサー選びは非常に重要です。数多くのインフルエンサーの中から、ブランドや商品と親和性の高い人材や自社のターゲット層に合った人材を見つけ出す具体的な方法を3つご紹介します。

1. SNSで直接探す
　最も基本的な方法として、SNS（Instagram、YouTube、X、TikTokなど）でインフルエンサーを見つけ、直接依頼する方法があります。SNSのキーワード検索やハッシュタグ検索を利用して、自社のブランドや商品・サービスと親和性の高そうなインフルエンサーを探し、ダイレクトメッセージ（DM）などで直接コンタクトを取ります。費用を抑えられるメリットがある一方で、インフルエンサーとの交渉や契約締結、投稿内容の企画〜実施までの打合せなど、煩雑な作業に時間と手間がかかります。

2. マッチングサイト（アプリ）を使う

　企業とインフルエンサーをマッチングさせるプラットフォームを使ってインフルエンサーを見つける方法です。登録されているインフルエンサーのプロフィールや実績などを確認しながら、自社のニーズに合った人材を効率的に探し出すことができます。サイト（アプリ）によっては利用料金や手数料がかかる場合があるのでご注意ください。

　具体的なサービス例としては、以下のようなものがあります。

・SPIRIT：https://lp.spirit-japan.com/
・toridori base：https://site.toridori.co.jp/base
・Astream：https://astream.acetokyo.com/

3. キャスティング企業経由で依頼する

　インフルエンサーの選定や交渉、契約などを代行してくれる「インフルエンサーキャスティング企業」に依頼して見つける方法です。キャスティング企業は多数のインフルエンサーを抱えており、実績と専門知識に基づいて企業側の要望に合った人材を紹介してくれます。交渉や契約など煩雑な手続きも代行してもらえるメリットがありますが、手数料やキャスティング費用がかかりますので予算確保が必要です。

　具体的なキャスティング企業例としては、以下のようなものがあります。

・株式会社BitStar：https://bitstar.tokyo/
・ソーシャルワイヤー株式会社：https://find-model.jp/
・株式会社エイスリー：https://www.a3corp.jp/

　どの方法を選ぶべきかは、予算や目的、求めるインフルエンサー像によっても異なります。それぞれのメリット・デメリットも理解した上で、最適な方法を選択しましょう。

インフルエンサー活用施策を
実行する

　最適なインフルエンサーを見つけて無事に契約等を済ませたら、具体的なインフルエンサーマーケティング施策内容を企画／実行します。以下は、喫茶DORA-DANのインフルエンサーマーケティング施策アイデアです。

【施策例：「喫茶DORA-DAN」新メニュー試食会】
新メニュー試食会にインフルエンサー（10名）を無料招待する。インフルエンサーには、イベント実施中〜翌日までに「指定のハッシュタグ（例：＃喫茶DORADAN）」「喫茶DORA-DANへのメンション」を付けてInstagramに投稿していただく。謝礼は「試食会への無料招待とおみやげのスイーツ」とする。

　なお、施策実施後は「喫茶DORA-DAN公式アカウントのフォロワー数」「喫茶DORA-DANへの問合せ数／予約数」などのKPIをもとに、効果測定も行うようにします。

インフルエンサー活用の
注意点

　インフルエンサー活用を実施する上で注意すべき点を、いくつか挙げておきます。

・インフルエンサー自身が炎上してしまうリスク

インフルエンサーの「過去の言動」「ネガティブなニュースや疑惑」などが原因で炎上が発生し、広告主が二次被害を受けてしまうことがあります。対策としては、そのインフルエンサーには炎上の火種になりそうな言動・噂・疑惑がないかどうかを、本人のSNSやブログ、匿名掲示板やネットニュースなどを可能な限り過去にさかのぼって確認することが大切です。

> **Point!**
>
> 「インフルエンサー自身が炎上してしまうリスク」防止には、インフルエンサーに関するネガティブな噂や、インフルエンサー本人の過去の言動（例：差別的／過去の犯罪自慢／公序良俗に反するものなど）を過去何年分にもさかのぼって調査することが大切ですが、これには時間も人手もかかります。こうした作業は、「デジタルリスク調査」「炎上リスク調査」等の名称で委託できる外部企業もありますので、必要に応じて利用を検討してみるのも良いでしょう。

・ステルスマーケティング（ステマ）をしてしまうリスク

「ステルスマーケティング」（広告・宣伝であることを隠して行われる広告宣伝活動）は、景品表示法の違反行為にあたりますが、インフルエンサー活用は「ステマ」になりやすいため十分な注意が必要です。

例えば、「喫茶DORA-DAN 新メニュー試食会」にインフルエンサーを招待してInstagramに投稿してもらう施策は、「試食会に無料招待」という対価を同店が第三者（インフルエンサー）に提供することで、同店の認知拡大や興味喚起につながるInstagram投稿を依頼しています。そのため、「広告」に該当するのです。したがって、「広告であることを明瞭に示す」必要があります。すなわち、インフルエンサーにSNS投稿してもらう際は、（ステマにならないよう）以下に挙げる対応も必ず実施してもらうことが重要です。

- 投稿文に文章を入れる

  （例）

  「喫茶DORA-DAN様から試食会にご招待いただきました」

  「喫茶DORA-DAN様から新商品のレアチーズだんごをいただきました」

  「これは喫茶DORA-DANのプロモーション投稿です」

- 画像・動画に文言を入れる

  （例）

  「提供：喫茶DORA-DAN」

  「この動画には喫茶DORA-DANのプロモーションが含まれます」

- 適切なハッシュタグを付ける

  （例）

  #プロモーション　#PR　#モニター　#協賛　#広告

　ところで、ほとんどのSNSは前述の対応で問題ないのですが、実はInstagramだけは例外となっています。

　Instagramを提供しているプラットフォーマーは、上述の文言やハッシュタグを投稿に追加してもステルスマーケティング対策にはならず、ステルスマーケティング対策としては、必ず「タイアップ投稿」という機能を使って投稿するよう明言しているからです。Instagramでインフルエンサーマーケティングを行う場合は、必ず「タイアップ投稿」を使うようインフルエンサーに依頼しましょう。

参考：

タイアップ投稿ラベルを使用してInstagramでオーガニックブランドコンテンツをタグ付けする方法

https://help.instagram.com/1109894795810258/

図2-4-11 タイアップ投稿のイメージ

出所：筆者作成。

　ちなみに、インフルエンサーがステルスマーケティングに該当する投稿をしてしまった場合、景品表示法違反としてペナルティを受けるのは、インフルエンサーでも広告代理店でもなく、広告主（今回は喫茶DORA-DAN）です。

　だからこそ、ルールをきちんと守ってくれるインフルエンサーを選ぶことと、インフルエンサーにはInstagramの「タイアップ投稿」を必ず使っていただくよう依頼を徹底することが大切なのです。

> **Point!**
> うっかりステルスマーケティングを行ってしまうことがないよう、消費者庁が公開している『景品表示法とステルスマーケティング　〜事例で分かるステルスマーケティング告示ガイドブック〜』などを読んで理解を深めておきましょう。

https://www.caa.go.jp/policies/policy/representation/fair_labeling/
assets/representation_cms216_200901_01.pdf

「喫茶DORA-DAN」初の
インフルエンサー活用（試食会・SNS投稿）

　さて、某月某日、喫茶DORA-DANの新メニュー試食会は、インフルエンサー10組を招待して盛況のうちに終了しました。今回招待したインフルエンサーは、Instagramフォロワー数は5000人〜10万人と幅があるものの総じて女性人気が高く、企業からの案件を時々受けている方々から選んでいます。

　試食会中は、店内の昭和レトロ風インテリアや、魅力的な新メニューの数々を自由に撮影していただきました。投稿には「#喫茶DORADAN」のハッシュタグの追加・喫茶DORA-DANの住所や最寄り駅などの情報追加・「タイアップ投稿」機能の利用についてはお願いしたものの、それ以外は各インフルエンサーの感性を信じてお任せすることに。

　その結果、喫茶DORA-DANのインテリアやメニューの魅力がうまく表現された投稿が各インフルエンサーから発信され、多くのフォロワーから「いいね」や「コメント（返信）」が集まりました。さらに、各インフルエンサーの投稿経由で「喫茶DORA-DAN」公式アカウントを訪れるユーザーが急激に増加し、フォロワー数増加にもつながったのです。

　とはいえ、これでゴールというわけではありません。あくまでもスタートに過ぎないと考えてください。

インフルエンサー投稿をきっかけに喫茶DORA-DANのことを知り、興味を持ってくれたフォロワーと良好な関係を構築して実際に来店してもらえるよう、喫茶DORA-DAN公式アカウント運用を継続していくことが大切なのです。

さらに、実際に来店してくれた地元以外のお客様には、喫茶DORA-DANを気に入ってリピートしたくなる価値を提供することはもちろん、喫茶DORA-DANに関する口コミ（UGC）をInstagramに投稿してもらえるような仕組みづくり・雰囲気づくりも継続して行いたいところです。

2-4のまとめ

　喫茶DORA-DANの「地元以外のお客様」集客を目指すべく、Instagram活用施策として「SNS公式アカウント運用」「インフルエンサー活用」をスタートさせました。

　まずはあらゆるInstagram施策の土台となる「公式アカウント」を作成し、より多くのユーザーに喫茶DORA-DANを見つけてもらえるようプロフィールを充実させました。また、公式アカウントから効果的に情報発信できるよう、アカウントの目的や対象、テーマを策定。喫茶DORA-DAN公式アカウントは、「カフェ巡りとInstagramが趣味の20代女性」に対して「店内で撮れる魅力的な画像や動画」を伝えることで、「昭和レトロから和スイーツまで楽しめる、隠れ家的なカフェを予約して訪れたくなる情報」を提供する、をテーマ（コンセプト）に定めました。さらに、一方的な情報発信にならないよう、対象ユーザーに共感してもらえるような投稿を定期的に行い、双方向コミュニケーションにも取り組みます。

　またコツコツ継続するための運用体制として、店長の娘さんがメイン担当者、店長がダブルチェッカー（最終承認者）を務めることにしました。詳細な投稿ルールも決めたので、この先に万が一店長の娘さんがアカウント運用から離れることがあっても、問題なくアカウントを継続できるはずです。

　短期間に効果が期待できる「インフルエンサー活用」もあわせて実施しました。喫茶DORA-DANにとってのターゲットに対して影響力を持っていそうなインフルエンサーを選び、試食会に招待してInstagram投稿してもらったところ、喫茶DORA-DAN公式アカウン

トのフォロワーが急増するという嬉しい結果に。喫茶DORA-DANを知り興味を持ってくれた新規フォロワーが一日も早く実際に来店してくれるよう、公式アカウントによる情報発信やコミュニケーションをコツコツ継続したいところです。

　来店してくれた地元以外のお客様が喫茶DORA-DANを気に入ってリピートしてくれるように、店内インテリア／メニューの改善や開発、またインテリアやメニューなどへの感想をInstagramで発信してくれるよう口コミを増やすSNS施策など、店長と店長の娘さんが取り組むべき施策は多岐にわたります。

　ゴールではなくスタートラインに立ったところと考えて、コツコツと各施策に努め、地元以外のお客様も多数訪れる隠れ家カフェとしての人気を不動のものにしていただけることを期待しています。

Chapter **3**

小売業（エコレザー専門ショップ）の場合

CASE

今後の皮革製品は「エシカルでサステナブルな素材」が主流になる。そんな確信のもとエコレザー製の革小物・バッグなどを取り扱うECサイトを2年前にオープンするも、売れ行きが思わしくない。予算が限られる中、「SNS活用」という打ち手はこの現状を打破してくれるのだろうか？

introduction

　私は、エコレザー専門ショップ「やさ革屋」のオーナーです。もともと本革が好きだったのですが、5年前に「エコレザー」に出会い、この「エシカル」(「倫理的」の意。人や地球環境、社会、地域に配慮した考え方や行動のこと)で「サステナブル」(持続可能)な素材が、これからの皮革製品の主流となりうると確信。エコレザー製の革小物・バッグなどを取り扱うECサイトを2年前にオープンさせました。商品の価格帯は、小物が3,000円〜20,000円、バッグは20,000円〜80,000円ほどです。

　商品のコンセプトやクオリティには自信があり、値段もリーズナブルだと思っているのですが、肝心の売れ行きは思わしくありません。そしてなんとか実物をお客様に見てもらえる機会を作ろうと思い、年に2回(9月と3月)、1回あたり1週間の期間限定で、百貨店や駅ビルにポップアップストアを出店しています。

　結果、1日あたり数万円の売上げにはなるものの、出店費用、什器レンタル代、人件費等を差し引くと毎回赤字続きです。しかし、ポップストア出店期間中はECサイトへのアクセス数が少し増えることから、ブランド認知の拡大効果もあるのかなと感じており、当面は続けたいと考えています。

▼「やさ革屋」の売上推移(2022年4月を「1」とした相対値)

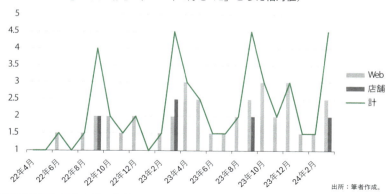

出所：筆者作成。

当社の売上推移は図の通りです。ポップストア出店月と翌月は少し売上げが上がるものの、それ以外の月は伸びず、トータルで見ると横ばいが続いている状況です。

目下の悩みは、「こんな良い商品を販売しているのに、どうして買ってもらえないのだろう」ということです。

そこで、何かのヒントが得られるかと思い、ポップアップストアに来てくださるお客様の特徴に注目してみました。おおよその年代は、百貨店が30〜50代中心、駅ビルが20〜40代中心と幅広く、性別は男女ほぼ半々という印象です。そして、実際にポップアップストアで購入してくださるお客様の特徴は、30代以上の男性がやや多い印象です。

接客しながらお話を伺ったところ、「エコレザーに興味があるので立ち寄った」という方もわずかにいらっしゃったものの、どうやら最初からエコレザー目的というお客様はほぼゼロなのだと思われます。実際、「本革（リアルレザー）の商品かと思って立ち寄った」、または（逆に）「合皮の商品だと思って立ち寄った」という方のほうが多くいらっしゃいました。

ただ、そういったお客様であっても、エコレザーの定義や特徴について説明すると、「環境にやさしい素材なのは良いですね」「まさにSDGsだね」「合皮よりも長持ちして経年変化も楽しめる本革が好きなんだけど、昨今のSDGs推進の流れを受けて、何となく使うのをあきらめかけていた。エコレザーはいいね。もっと流行ればいいのに」など、暖かい言葉をいただきます。中には「せっかくだから」と、商品購入を決めてくださる方もいらっしゃいました。

まさに現代にぴったりのレザーとも言える「エコレザー」の素晴らしさを、1人でも多くの方に知ってもらうと同時に、ファッションや環境に関心がある多くのお客様に、当社のエコレザー商品をぜひ購入いただき、長く愛用していただきたい。

この願いを実現すべく、プロモーション予算が限られる中、現状を打破する1つの手段として「SNS活用」に取り組みたいと考えています。

3-1
···

そもそも「エコレザー」と「やさ革屋」に勝機はあるのか？

progress

2年前にECサイトを立ち上げてから、自分の信じる道をがむしゃらに走り続けてきました。今やるべき施策は「SNS活用」に違いないと考えていますが、本当にそうなのか否か、実は確信が持てません。ちゃんと自社商品が売れる仕組みを作り、事業を成功させ継続させたい、そのために一度立ち止まり、マーケティングを最初の一歩から行いたいのです。まずはマーケティングを考える際にベースとなる「市場」や、自社をとりまく環境について理解を深めたいと思います。

どんな強みを持ち、どんな市場でどんな競合と相対するのか

　マーケティングの第一歩目ということで、今回のケースでもまずは「3C分析」から始めます。Chapter2と同じ流れ？と思われるかもしれませんが、3C分析はBtoC・BtoBを問わず多くの業種で有効なフレームワークなのです。顧客、競合、自社をバランス良く理解し、マーケティング活動全体の土台を築くのに適しています。

column

「3C分析」は万能なフレームワークなのか？

3C分析は多くのケースにおいて有用なフレームワークですが、もちろん例外も存在します。例えば、以下のようなケースでは適していないか、効果が限定される可能性があります。

● 急速に変化する市場環境

市場環境が非常に速いペースで変化している場合、3C分析の結果がすぐに陳腐化する可能性があります。特に、テクノロジーの進歩が速い業界では、分析結果の有効期間が短くなりがちです。

● 情報（データ）が不足しているケース

3C分析はデータに基づいて行うため、信頼性の高いデータがない場合や情報収集が困難な場合には、分析結果の精度が低下する可能性があります。例えば、競合が非公開企業や新興企業のため情報が不足している場合、競合分析の部分が不十分になりがちです。

● 競合がほとんど存在していない市場

ニッチ市場や独占市場、全く新しい市場など競合がほとんど存在しない市場を分析する際には、3C分析では十分な洞察が得られない可能性があります。

● 時間やリソースが限られているケース

3C分析は時間やリソースがかかる場合があります。小規模企業などリソースが限られている組織や、簡易的な分析で事足りる場合は、より簡易な他フレームワークのほうが適している可能性があります。

3C分析は有用なフレームワークですが、上述したようなケースでは他の分析手法と組み合わせるか、他のフレームワーク活用を検討してみると良いでしょう。

3C分析では「自社（Company）」「顧客（Customer）」「競合（Competitor）」の3つの要素を軸に市場環境を分析するために、自社にとっての成功要因（KSF：Key Success Factor）を探ります。それぞれの分析ポイントは以下の通りです。

1 Customer（顧客・市場）

以下の観点から「自社商品にとっての潜在顧客」を把握します。

市場規模／市場の成長性／市場の変化／顧客のニーズ／購買行動・購買決定プロセス／購買決定者

2 Competitor（競合）

以下の観点から「競争相手の立ち位置・競合状況」を把握します。

競争相手の数とポジション／競合企業（市場シェア・売上高・戦略強み弱みなど）／競合商品サービス（特徴・顧客数・資金力・宣伝力・事業規模・収益性など）

3 **Company（自社）**･････････････････････････････

以下の観点から「自社の現状や強み弱み」等を把握します。

資産状況／売上高／市場シェア／収益性／技術力／宣伝力／商品の特
徴／強みと弱み

次は、「客観的」な「一次情報」を集めながら、やさ革屋の3C分析
を進めてみます。

1 **Customer：顧客・市場の分析**･････････････････････

やさ革屋にとってのお客様や市場について知るべく、まずはインタ
ーネットで入手できる統計資料・調査資料をチェックします。まず皮
革製品市場やエコレザーの現状を調べてみました。

- 世界の皮革製品市場規模は拡大傾向（2024年に3,048億米ドルと推
定され、2029年までに3,762億1,000万米ドルに達すると予測され
ている）
  ※出所：市場調査会社 Mordor Intelligence（モルドールインテリジェンス）社「皮革製品：市場シェア分析、業界動向と統計、
  成長予測（2024〜2029年）」
  https://www.gii.co.jp/report/moi1444917-leather-goods-market-share-analysis-industry.html

- 2023年4〜9月における履物類・かばん・ハンドバッグ類の一世帯
あたり家計消費支出額は、前年同期に比べ増加
  ※出所：経済産業省「経済産業省生産動態統計」 https://data.jlia.or.jp/pdf-data/sisyutu2301-06.pdf

- SDGsを推進している企業の商品購入を「考慮したい」人は36.3％
（まだ伸びしろあり）
  ※出所：朝日新聞【第9回SDGs認知度調査】 https://www.asahi.com/sdgs/article/15067733

- 「エコレザー」の認知度は54％（なんとか過半数）
  ※出所：『フットウェアプレス』（2020年7月号） https://jalt-npo.jp/wp-content/uploads/2021/301/sem2020_07.pdf

ここまでの分析から、皮革製品市場は拡大傾向、「エコレザー」はまだ認知段階での伸びしろがある状態と言えそうです。

さらに、「顧客」をより知るため、ポップアップストアに来店されたお客様にヒアリングして得た情報と、やさ革屋のECサイト顧客の「お客様の声」もまとめてみます。

- 来店は20〜50代男女と広いが、購入者は特に30代以上の男性
- 居住地：都市部
- 職業：会社員／会社役員／経営者
- 趣味嗜好：ファッションはビジネス〜ビジネスカジュアル
- 志向：
  - 本革（リアルレザー）を愛好／環境問題を意識して購入してくれるケースも
  - レザー商品の耐久性と経年変化を評価（良いものを長く大切に使う傾向）

やさ革屋の典型的なお客様像としては、「都市部に暮らす30代以上の男性会社員や会社役員」で「レザーが好き」「環境問題（SDGs）にも関心あり」といった姿が見えてきました。

他の切り口でも広く分析したいところですが、ここは時間をかけすぎないよう次に進みます。

2 Competitor：競合の分析 ･････････････････････････

やさ革屋の「競合」について分析するため、まずは「競合」を具体的に特定することから始めます。競合分析では通常、「直接競合」と「間接競合」という観点からライバルをピックアップするのが一般的です。

【直接競合】 自社と同じ商品・サービスを提供している他社（同業他社）

【間接競合】 商品・サービスは異なるが、自社のそれと同じ価値を提供している他社

　やさ革屋にとって「直接競合」に該当するのは「エコレザー専門店」ですが、現時点で思い当たる企業はありません。「間接競合」に該当するチャネルとしては「本革商品／合皮商品 専門店」「バッグ専門店」「セレクトショップ」「ハイブランド」などが該当しそうです。

　さらに、企業レベルだけでなく商品レベルでの「競合」についても特定しておきたいところです。エコレザー商品のライバルは「本革製品」「合皮製品」「ヴィーガンレザー製品」「レザー以外の素材で作られたバッグや小物商品」だと考えられます。

　ここまで挙げた「競合」の状況を、以下のようにまとめました。

- 本革製品：高い知名度、商品バリエーション（デザイン・カラー等）が豊富
- 合皮製品：高い知名度、エコレザーより安価
- ヴィーガンレザー製品：「アップルレザー」「サボテンレザー」などは環境問題に関心あるユーザーへの知名度上昇中
- セレクトショップ／ハイブランド：圧倒的なリアル店舗数、高い知名度、強いブランド力

　やさ革屋にとって商品レベルでの「競合」は、いずれもエコレザーより知名度が高く、バリエーションの豊富さや低価格といった強みを持っているようです。企業レベルでの「競合」はレザーやバッグの専門店、セレクトショップ、ハイブランドなどで、店舗数や知名度、ブランド力といった強みを持っています。直接競合は存在しないものの、強力な間接競合が多いことが想定されます。

3　Company：自社の分析 ······························

　3C分析の最後に、「やさ革屋」について分析します。4大経営資源と言われる「ヒト・モノ・カネ・情報」を網羅するよう、それぞれについて見ていきます。

【ヒト】人的資源・組織など
- 社員数5名（うちマーケティング人員は3名）
- 接客力の高いスタッフも在籍（主にポップアップストアで活躍）

【モノ】商品/サービス・販売チャネル・市場シェアなど
- 取り扱い製品は100%エコレザー限定
- ECサイトと店舗（ポップアップストア）と複数の販売チャネルを持つ
- ブランドそのものの知名度が低い

【カネ】資本金・マーケティング予算・売上高・利益など

【情報】顧客データ・販売データ・調査データなど
　設立して2年ほどのやさ革屋は、少数精鋭で業務を分担しあいながらビジネスを遂行しており、緩やかではあるものの売上高も利益も微増しています。競合に比べて知名度こそ低いが、取扱い製品の100%がエコレザーという商品構成は非常にユニークだと言えそうです。

　3C分析によって、やさ革屋および同社を取りまく市場環境を分析したことで、やさ革屋の現状や強み弱みがある程度見えてきました。ただ、3C分析は外部環境に比べて内部環境の分析がやや薄く、さらに「現状」「未来」といった時間軸がない分、ざっくり感は否めません。

図3-1-1 エコレザー専門ショップ「やさ革屋」の3C分析

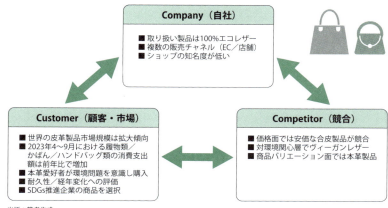

出所：筆者作成。

　ここからは、3C分析で得られた内容をもとに、時間軸も意識した分析ができる「SWOT分析」を行い、やさ革屋の「強み」「弱み」、外部環境の「機会」「脅威」を洗い出していきたいと思います。

Point!

　SWOT分析も多くのケースにおいて有用なフレームワークですが、3C分析と同様に、以下のようなケースでは適していないか、効果が限定的である可能性があります。

- 急速に変化する市場環境
- 情報（データ）が不足しているケース
- 時間やリソースが限られているケース

　また、以下に挙げるケースも適さない場合があります。

- 複雑な業界構造を分析するケース
- 客観的な分析が特に重要なケース

　これらのようなケースでは、SWOT分析を他の分析手法と組み合わ

せるか、より適切な別の分析フレームワークを選択するのが良いでしょう。

強みを生かし、
弱みを補完する戦略を考える

　SWOT分析は、自社を取り巻く外部環境と、自社における内部環境のプラス面・マイナス面をそれぞれ洗い出し分析することで、戦略立案・策定などにつなげるフレームワークでした。そして3C分析の後にSWOT分析を行うことで、時系列も意識した複合的な分析が可能となります。また、3C分析は外部環境分析がメインでしたが、SWOT分析では内部環境も深く分析することで、自社の能力や内部資源を生かす戦略立案にも生かすことができます。

　「SWOT」は以下4要素の頭文字を指しているわけですが、時間軸で言うとSWは「現在」、OTは「未来」を意識した分析だと言えるでしょう。

【内部環境】

S：強み（Strength）自社／商品／サービスの長所・優位性など

W：弱み（Weakness）自社／商品／サービスの短所・課題など

【外部環境】

O：機会（Opportunity）自社／商品／サービスにプラスに働く外部環境の要素

T：脅威（Threat）自社／商品／サービスにマイナスに働く外部環境の要素

内部環境の洗い出しには、先に行った「3C分析」の結果が生かせます。また、外部環境の洗い出しには、「PEST分析」や「ファイブフォース分析」を併用するのも良いでしょう。

・PEST分析

「P：政治（Politics）」「E：経済（Economy）」「S：社会（Society）」「T：技術（Technology）」の4つの視点から、自社を取り巻く外部環境が現在または将来どんな影響を与えるかを分析するフレームワーク。

・ファイブフォース分析

「競合他社の脅威」「売り手の交渉力」「買い手の交渉力」「新規参入者の脅威」「代替品の脅威」という、自社を取り巻く外部からの5つの力（要素）を分析し、業界の収益構造や自社の競争優位性を探るフレームワーク。

では、やさ革屋におけるSWOT分析を進めます。

S：強み（Strength）：自社／商品／サービスの長所・優位性など

ユニークかつ高品質な商品（エコレザー製品）を扱っていること、エコレザーは環境にやさしい上に本革同様の経年変化が楽しめること、複数の販売チャネルを持っていることなどが該当しそうです。

W：弱み（Weakness）：自社／商品／サービスの短所・課題など

やさ革屋もエコレザーそのものも知名度が低いこと、競合商品に比べ高価だったり商品ラインナップが少なかったりすることなどが挙げられそうです。

O：機会（Opportunity）：自社／商品／サービスにプラスに働く外部環境の要素

国内外の皮革商品市場は拡大傾向で、環境問題への意識はますます

高まることから、エコレザー需要は増加する可能性がありそうです。さらにエコレザー専門店が現在ほぼ存在しないため競争リスクが少なく、先行者優位性を獲得できるかもしれません。

T：脅威（Threat）：自社／商品／サービスにマイナスに働く外部環境の要素

　円安や人件費高騰による仕入価格上昇リスク、競合商品の需要が高まりシェアを奪われるリスク、直接競合にあたる企業の登場リスクなどが考えられそうです。

| 図3-1-2 | エコレザー専門ショップ「やさ革屋」のSWOT分析 |

	プラス要因	マイナス要因
内部環境	**Strength（強み）** ■ 高品質の100％エコレザー使用 ■ SDGsに配慮した商品 ■ 経年変化楽しめる ■ 複数の販売チャネル 　（ECサイト・ポップストア）を持つ ■ 対面での接客スキル	**Weakness（弱み）** ■ エコレザーの知名度が低い ■ ブランドの知名度が低い ■ 本革より安いが合皮より高い ■ 水に弱い ■ 商品ラインナップ少なめ
外部環境	**Opportunity（機会）** ■ 世界の皮革製品市場規模は拡大傾向 ■ 国内の履物類／かばん／ハンドバッグ 　類の消費支出額は前年比で増加 ■ 環境問題への意識の高まり ■ SDGs推進企業の商品を選ぶ層 ■ エコレザー取扱店は少ない	**Threat（脅威）** ■ 安価な合皮製品の需要が高まっている ■ 競合である「ヴィーガンレザー」の 　知名度が上昇中 ■ 本革製品の高級感人気 ■ 円安／人件費高騰による仕入価格上昇

出所：筆者作成。

　3C分析からSWOT分析まで終えたことで、そこそこ多角的な環境分析ができたと思われます。「SDGs」「経年変化」「知名度」「接客スキル」といった、重要と思われるキーワードも見えてきました。しかし、SWOT分析の結果を眺めていても、「具体的にどんな戦略をとればいいのか」はまだ見えてきません。

そこで、クロスSWOT分析の出番です。クロスSWOT分析は、以下4種類の要素を組み合わせてそれぞれにおける戦略を考察し、自社がとるべき戦略を多面的に把握できるフレームワークでした。

【強み（S）×機会（O）】
自社の強みを最大限に生かして、チャンス（機会）をつかむ戦略（SO戦略）

【弱み（W）×機会（O）】
自社の弱みを改善することで、着実にチャンス（機会）を狙う戦略（WO戦略）

【強み（S）×脅威（T）】
自社の強みを最大限に生かし、競合との差別化等で脅威を避ける戦略（ST戦略）

【弱み（W）×脅威（T）】
自社の弱みをふまえて無理をせず、脅威による影響を最小限に止める安全策（WT戦略）

では、やさ革屋におけるクロスSWOT分析を進めます。

【強み（S）×機会（O）】
「レザーが好き」で「環境問題への意識が高い」消費者に向けて、関連イベントへの出展や広告／広報活動の強化／エコレザーの特長や強みをSNS上で訴求、などが考えられます。

【弱み（W）×機会（O）】
SNSを活用した認知拡大施策／合皮に負けないリーズナブルな商

品開発／エコレザーと防水商品のセット販売促進、などが考えられます。

【強み（S）×脅威（T）】

来日した外国人観光客に向けた対面販売（円安対策）／「経年変化」「手入れ方法」などを競合商品と比較体験できるコーナーをポップアップストアに設置、などが考えられます。

【弱み（W）×脅威（T）】

現在競合商品を愛用している消費者に向けたSNS広告出稿／商品ラインナップを売れ筋のみに絞り込むことで仕入価格安定化を狙う、などが考えられます。

図3-1-3　エコレザー専門ショップ「やさ革屋」のクロスSWOT分析

出所：筆者作成。

クロスSWOT分析の結果、やさ革屋がとるべき戦略が具体的に見えてきました。今すぐにでも始められそうなものもあれば、時間をかけてじっくり取り組むべき施策もありそうです。リソースや予算を考慮

すると、最終的にはこの中から取るべき戦略を選び出して優先順位を付けることになるでしょう。分析前は、新たな戦略として「SNS活用」だけがオーナーの頭にぼんやり浮かんでいる程度だったのですが、実際にSNSを活用できそうな場面が複数存在すること、そしてSNS以外にも色々な施策がとれそうなことが見えてきました。

次のステップとしては、STP分析などを行い、具体的なマーケティング戦略を立案する段階に進んでも良いのですが、その前に「現在の課題は何か、理想に近づくにはどうしたらいいか」をより明らかにしておくため、今回は「TAPS法」を使ってみます。

「理想」と「現実」の間にあるもの

TAPS法のTは「To be（理想）」、Aは「As is（現状）」、Pは「Problem（問題点）」、Sは「Solution（解決策）」を表しています。理想と現状のギャップを問題点として把握し、そのギャップを埋めるための具体的な解決策を示すというのが基本的な流れで、提案型プレゼンテーションによく使われるフレームワークです。といっても、提案相手を「自分」や「自社」にすれば、現状分析や戦略立案にも生かせます。

ここからは、やさ革屋の「To-Be」（理想的な/あるべき状態（姿））を定義し、次に「As-Is」（現在の状態（姿））について考えていきます。

To-Be（理想的な/あるべき状態（姿））

「To-Be」は、「誰にどうしてほしい／どうなってほしい」のかを具体的に定義します。「やさ革屋」にとっての「理想のお客様像」＝「誰にどうなってほしい／どうしてほしい」のかをイメージしてみましょ

う。なお、「To-Be」は「理想」ですから、現在の客層とずれていても
おかしくはありません。

◆「誰」に
　レザーが好きで、「エシカル消費」「SDGs」等にも関心がある20〜
40代の男女。

注：「エシカル消費（倫理的消費）」：消費者それぞれが各自にとっての社会的課題の解決を
　考慮したり、そうした課題に取り組む事業者を応援したりしながら消費活動を行う
　こと。

◆「どうしてほしい／どうなってほしい」のか
　オンタイム／オフタイム問わず、ファッションアイテムやビジネス
小物として、エコレザー製品を選んで購入してほしい・購入後も長く
愛用してほしい。

「お客様」のAs-Is（現在の状態（姿））

　次に、「As-Is」について考えていきます。やさ革屋にとって理想的
なお客様になっていただきたい「20〜40代の男女」は、現在はどんな
状態なのかを把握したいと思います。そのために複数の視点から、彼
ら彼女らの思考や行動傾向を調査分析していきます。

　まずは、購入時に「SDGsに沿った商品」であるかを考慮する20〜
40代の男女はどのくらいいるのかを、関連する調査結果をもとに概数
を算出してみます。

　最初は、購入時に「SDGsに沿った商品」であるかを考慮する人の
割合についてです。

　2024年4月に実施された「第10回SDGs認知度調査」において、
「SDGsに沿った商品であるか、SDGsの活動に熱心な企業のサービス

であるかを、購入／利用する際にどの程度考慮するか」という問いに対して「考慮したい」と回答した人は、全体の35.4％でした。性別では、男性の32.3％、女性の38.5％が「考慮したい」と答えています。

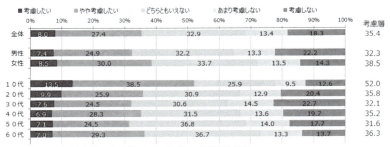

図3-1-4 「SDGsに沿った商品であるかを、購入する際にどの程度考慮するか」

出所：【第10回SDGs認知度調査】若い世代でSDGsに高い関心　商品購入に影響も
https://www.asahi.com/sdgs/article/15212866

　日本の全人口を1億2400万人とすると、「購入時にSDGsに沿った商品であるかを考慮する」日本人はその35.4％、つまり、最大で約4390万人いると考えられます。一方、国内の20〜40代人口は約4268万人（総務省統計局「人口推計」2024年4月報）。これは日本人全体の約34.4％を占めますので、「やさ革屋」にとってお客様となりうる「購入時にSDGsに沿った商品であるかを考慮する、20〜40代の日本人」は、最大でも「1510万人」程度は存在していると言えそうです。

　ところが、同じ調査の別設問を見ると、実際に「SDGsに沿った商品」すなわち「SDGsの達成に資する商品の購入やサービスの利用」経験がある消費者は、わずか8.2％。人数で言えば約「1017万人」しかいません。このうち、20〜40代は約34.4％を占めますので、「購入時にSDGsに沿った商品であるかを考慮し実際に購入経験がある、20〜40代の日本人」は、最大でも「349万人」。この数字が、「やさ革屋」にとっての最大市場規模だと考えたほうが確実だと言えそうです。

図3-1-5 「やったことがある/関心があるSDGs的な行動」

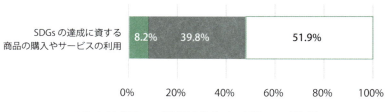

出所:【第10回SDGs認知度調査】若い世代でSDGsに高い関心　商品購入に影響も
https://www.asahi.com/sdgs/article/15212866
を元に筆者作成。

　次に、やさ革屋の代名詞とも言える「エコレザー」が、20〜40代の男女にどのくらい認知されているか調べてみます。

　NPO法人日本皮革技術協会が行ったアンケート結果を見てみましょう。この結果によると「エコレザー」製品の認知度は2019年時点で約54％（「製品を見たことはあった」12％／「見たことはなかったが聞いたことはあった」42％の合計）と、かろうじて過半数を超える結果

図3-1-6 「エコレザー製品の認知度」

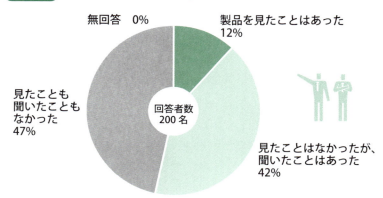

出所:「https://jalt-npo.jp/wp-content/uploads/2021/01/sem2020_07.pdf」を元に筆者作成。

でした。やや古い調査ではありますが、「やさ革屋」ポップアップストアでの接客経験から、状況は今もそう変わっていないのではと考えられます。

ちなみに、「製品を見たことはあった」と答えた消費者がわずか12%しかいないことから、実際に製品を見てもらえる場として「やさ革屋」がポップアップストアを出店する意義はかなり大きいのかもしれません。

この調査結果から、「エコレザーを認知している20〜40代の日本人」はおおよそ「2303万人」(全人口×54%×34.4%)、「エコレザーを見たことがある20〜40代の日本人」はおおよそ「511万人」程度(全人口×12%×34.4%)と推測できそうです。

前述した「購入時にSDGsに沿った商品であるかを考慮し実際に購入経験がある、20〜40代の日本人」は最大でも「349万人」でしたので、さほど外れてはいない数字だと考えられるでしょう。

エコレザーの「理想」と「現実」

続いて、「エコレザー」そのもののAs-Isについても確認しておきたいところです。

Googleで検索されたキーワードの人気度がわかるツール「Googleトレンド」を使って、過去12ヶ月間における「エコレザー」および競合にあたる「ヴィーガンレザー」「フェイクレザー」のGoogle検索数の推移を調べてみました。図3-1-7がその結果です。

図3-1-7　過去12ヶ月間における「エコレザー」「ヴィーガンレザー」「フェイクレザー」のGoogle検索回数の推移

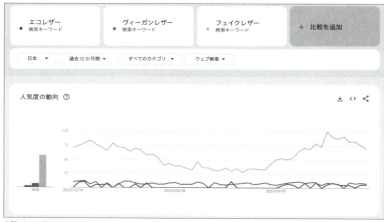

出所：https://trends.google.co.jp/trends/explore?geo=JP&q=%E3%82%A8%E3%82%B3%E3%83%AC%E3%82%B6%E3%83%BC,%E3%83%B4%E3%82%A3%E3%83%BC%E3%82%AC%E3%83%B3%E3%83%AC%E3%82%B6%E3%83%BC,%E3%83%95%E3%82%A7%E3%82%A4%E3%82%AF%E3%83%AC%E3%82%B6%E3%83%BC&hl=ja

　これによると、3種類の「レザー」のうち、過去12ヶ月間にわたりGoogle検索回数で常にトップを維持していたのは「フェイクレザー」でした。特に2023年10月頃から検索数が上昇傾向で、「フェイクレザー」に対する市場の関心の高まりが感じられます。フェイクレザーは歴史が長く、すでに市場に定着済みなので、この結果は想定の範囲内と言えるでしょう。

　一方で注目すべきは、平均検索回数において、「エコレザー」は「ヴィーガンレザー」にも負けている点です。ヴィーガンレザーはエコレザーよりも歴史が浅いだけに、驚きと危機感を持って受け止めるべき結果と考えられます。

　ちなみにここ数年、サボテン由来のサボテンレザーやりんごの搾りかすを原料としたアップルレザーなどの「ヴィーガンレザー」がマスメディアで取り上げられる機会が増えました。そうしたメディア露出

の結果として、人々の関心を集めたり話題にあがったりしている可能性が高そうです。対して「エコレザー」はマスメディアでの露出も多くないので、認知も関心度も伸び悩んでいる状況といえるのかもしれません。

column

SNS上での口コミをリサーチするには

　例えば、SNS上ではどのくらい「エコレザー」関連の投稿がなされているか／口コミが発生しているかを調査するには、「口コミ分析ツール（ソーシャルリスニングツール）」を使うことも有効です。いつ頃何件くらいの口コミ（投稿）が投稿されているか、ポジティブな感情かネガティブな感情か、などを確認することができます。

　また、そうしたツールで利用できる「テキストマイニング」機能を使うと、例えば「エコレザー」と一緒にどんなキーワードが使われているか等を調査することも可能です。

注：「テキストマイニング」：文章データ（テキストデータ）を単語やフレーズや分解して解析し、出現頻度/関連性/ポジネガ分析結果など有益な情報を抽出する分析手法。

　こうしたツールや機能を使うことで、「エコレザー」のイメージ調査や、消費者が「エコレザー」に対して正しい知識をどこまで持っているか等を数値的・視覚的に分析することが可能となります。

　さらに、20〜40代日本人のエコレザーに対する認知度や興味関心、購入意向などをより詳細に探るため、リサーチ会社を使ってアンケート調査を実施してみました。調査対象は20〜40代の国内一般消費者400名です。

　設問の一部と回答は次の通りです。

設問1：「エコレザー」「フェイクレザー」「ヴィーガンレザー」という言葉を知っていますか？

図3-1-8 設問1の結果

出所：筆者作成。

「エコレザー」
はい 36% / いいえ 64%

「フェイクレザー」
はい 16% / いいえ 84%

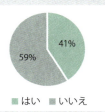
「ヴィーガンレザー」
はい 41% / いいえ 59%

設問2：（「エコレザー」を聞いたことがある場合）「エコレザー」の意味として正しいと思うものを選んでください。　※正解はB

A：「合成皮革」（皮革に似せて、石油などを原料に作られた人工素材）のこと
B：一定の材料基準を満たし、環境への影響が少ない方法で作られた本革
C：動物由来の原材料を使わずにつくられた人工的な皮革

図3-1-9 設問2の結果

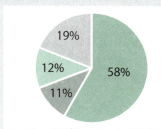

A 11% / B(正解) 58% / C 12% / わからない 19%

出所：筆者作成。

設問3：「日本エコレザー」という、安全・安心な革製品を選ぶための基準をご存じですか？

図3-1-10 設問3の結果

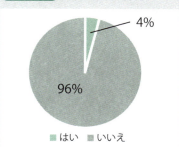

はい 4% / いいえ 96%

出所：筆者作成。

3-1 そもそも「エコレザー」と「やさ革屋」に勝機はあるのか？

設問4：以下は「日本エコレザー」の6つの条件です。それぞれに対しどのくらい魅力を感じるか、「1（まったく魅力を感じない）」～「5（大変魅力的である）」の5段階からお答えください。

1. 天然皮革である
2. 発がん性染料を使用していない
3. 有害化学物質の検査をしている（ホルムアルデヒド、重金属、PCP、禁止アゾ染料）
4. 臭気が基準値以下
5. きちんと管理された工場で作られた革（排水、廃棄物が適正に管理された工場で製造）
6. 染色摩擦堅ろう度（色落ちしにくい）が基準値以上

図3-1-11 設問4の結果（抜粋）

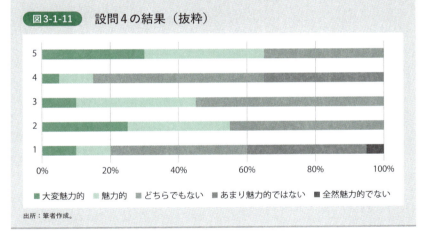

出所：筆者作成。

　以上、このアンケート結果から見えた20～40代日本人の「As-Is」をいくつか挙げてみます。

- 「エコレザー」の認知度は36％と、フェイクレザーやヴィーガンレザーよりも低い
- 「エコレザー」の意味を正しく理解しているのは、わずか11％。特

に「合成皮革」だと誤解している消費者が約6割存在する
- 「エコレザー」の特徴の中でも、「発がん性染料を使用していない」ことや「きちんと管理された工場で作られた革」であることを魅力的と感じている

Point!

　アンケート調査によるマーケティングリサーチを自社で行えない場合には、マーケティングリサーチ専門企業に依頼するのも選択肢の1つです。

　費用は、調査の規模や内容、設問数、対象者数、調査方法（Web調査、郵送調査、会場調査など）によって大きく変動します。例えば、Webアンケートで10万〜100万円程度が一般的な相場です。

　提供されるサービス内容や得意分野、具体的費用は企業によって異なりますので、各社に直接問合せされることをお勧めします。

　さて、「TAPS法」で言うところのT「To be（理想）」とA「As is（現状）」の考察ができたので、続いてP「Problem（問題点）」およびS「Solution（解決策）」についても考察してみます。

・**Problem**（問題点）

　「TAPS」の「P」は、Problem（問題点）を意味します。ここまでのリサーチ結果等もふまえて、To-Be（理想）とAs-Is（現状）のギャップ（問題点）を以下に挙げてみます。

- 20代〜40代男女に商品を購入いただきたいが、現在のお客様は30代男性が多い
- SDGsの活動に熱心な企業のサービスであるかを、購入・利用する

際に「考慮したい」と考える消費者は全体で36.3％、実際に購入経験がある消費者はわずか8.2％

● エコレザーを「見たことがある」消費者は1割程度。名称の認知度は36％と低く、意味を正しく理解しているのはわずか11％

　まとめるなら、エコレザーを購入してほしい層（20〜40代の男女）における、エコレザーの認知度／エコレザーへの興味関心／エコレザーの購入意向全てにおいて、現在は理想よりも低い状況であると言えそうです。

・Solution（解決策）

　「TAPS」法では、最後に「S」、つまりSolution（解決策）の定義を進めるのが通常です。具体的には、前述したProblem（問題点・理想と現実のギャップ）を解決するための具体的施策の立案を進めていくのですが、今回はそのフェーズはSTP分析（第2節以降）で行うので、TAPS法はここでいったん完了としておきます。

3-1のまとめ

　本革でありながら環境にやさしい「エコレザー」商品を取り扱う
やさ革屋では、お店だけではなく「エコレザー」そのものへの知名
度が低いために売上につながっていないという悩みがありました。
しかし、実店舗（ポップアップストア）を訪れて商品を手にとった
お客様からの反応は上々であることから、取り扱っている商品の良
さには自信があります。

　3C分析およびSWOT分析を進めたところ、やさ革屋がお客様に
なってほしいと考えている20〜40代の男女には、SDGsに配慮して
いる商品への関心や購入意向を持つ層が一定数存在しているらしい
事実は見えてきました。その一方で、「エコレザー」の認知率は半数
にも満たないという事実も再確認できたのです。
　さらにTAPS法によって、やさ革屋にとっての「理想」（誰にどう
してほしいのか）と「現実」の姿を明らかにし、そのギャップを具
体的に把握することができました。

　次のステップとして、「理想と現実のギャップを埋めるために、具
体的に何をどうしたらいいか」についての考察を進めていきます。

3-2

...

やさ革屋が見るべきお客様とは？ とるべきポジションとは？

progress

外部環境や内部環境を分析したことで、自社の強みや弱み、考えられるチャンスやリスクなどを把握することができました。また、理想と現実のギャップについても具体的に認識することができました。早速あれもこれもすぐに取り組みたいところですが、予算やリソースは限られています。どんな市場（お客様）をターゲットにして、どんな立ち位置でマーケティングを行っていくか等を検討し、戦略の方向性を固めたいと思います。

ターゲットとすべきお客様はこんな人

STP分析は、「Segmentation（セグメンテーション：市場の細分化）」「Targeting（ターゲティング：ターゲットの絞り込み）」「Positioning（ポジショニング：自社の立ち位置選定/競合との差別化）」の3つの英単語の頭文字から名づけられた分析手法でした。

> 図3-2-1　STP分析（図2-2-1再掲）

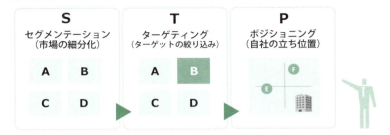

　STP分析では、第1節で行った環境分析の結果をベースとして、やさ革屋がターゲットとすべき市場や、同社および商品が目指すべきポジションを明確にします。このフェーズで整理した情報をもとに、次ステップであるマーケティング施策の選定へとつなげます。

❶　Segmentation（セグメンテーション：市場の細分化）

　対象とする市場に存在している不特定多数の顧客を、属性やニーズなどの軸で細分化してグルーピングします。

　セグメンテーションは、顧客を細分化する「変数」（基準）を決めて実行します。Chapter2でも見ていただきましたが、変数には色々あり代表的なものは以下の通りです。

変数の種類	具体例	採用例
地理的変数	国・地域・気候・人口密度・文化・宗教など	店舗型ビジネス・気候や習慣が売上に影響を与える商材（衣服・食品・家電など）
人口動態変数	年齢・性別・職業・家族構成・収入など	アパレルほか多くの商材
心理的変数	性格・価値観・ライフスタイル・購買動機など	無添加商品・SDGs商品など・他の変数と併用
行動変数	購買歴（購買有無/頻度）・利用頻度・使用場面・商品知識など	顧客の状況（例：商品知識のない新規ユーザー／ヘビーユーザー）に合わせて、プロモーション方法を変える

環境分析の結果を参考に、やさ革屋の場合は年齢・性別・職業（人口動態変数）および「SDGs商品への関心有無」（心理的変数）、「エコレザーに関する知識量」（行動変数）などでセグメンテーションを行うのが良さそうです。

② Targeting（ターゲティング：ターゲットの絞り込み）

セグメンテーションで市場に存在する不特定多数の顧客を細分化したら、次に、どの顧客層（セグメント）をターゲットにするかを明確にします。ターゲティングを行う際には、以下「6R」と呼ばれる項目を考慮しつつ、有効なセグメントを絞り込んでいきます。

①Realistic scale（有効な市場規模）：十分な売上や利益を得られる市場規模があるか

②Rate of growth（成長性）：その市場に成長性はあるか

③Rival（競合状況）：競合の優位性や競争力は小さいか

④Rank（顧客の優先順位）：自社にとって優先度の高い顧客か

⑤Reach（到達可能性）：その顧客に商品を届けられるか

⑥Response（測定可能性）：その顧客からの反応を測定することができるか

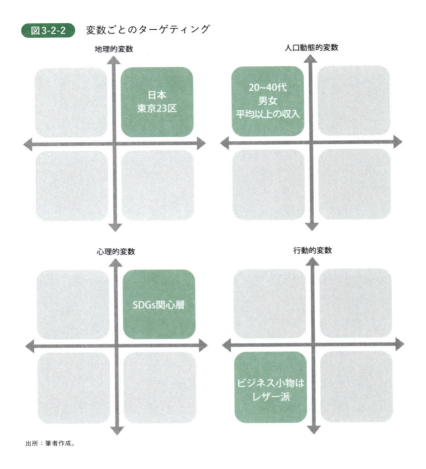

図3-2-2 変数ごとのターゲティング

出所：筆者作成。

　地理的変数によるセグメンテーションでは「日本・東京23区在住者」、人口動態変数では「20~40代で平均以上の収入がある男女」、心理的変数では「SDGsに関心がある層」、行動変数では「ビジネス小物としてレザー商品を購入する層」をそれぞれターゲティング対象として絞り込みました。まとめると、「東京23区に在住し、SDGsに関心があり、ビジネス小物としてレザー商品を購入する傾向がある、平均以上の収入がある20~40代の男女」こそが、「やさ革屋」の狙うべき顧客層と考えられるということです。

念のため、6Rの観点からも検証してみましょう。

①Realistic scale（有効な市場規模）：◎
②Rate of growth（成長性）：○
③Rival（競合状況）：△
④Rank（顧客の優先順位）：◎
⑤Reach（到達可能性）：○
⑥Response（測定可能性）：○

③の競合状況については懸念も少々ありますが、それ以外は問題なく、有効なターゲティングと考えて良さそうです。

3 Positioning（ポジショニング：自社の立ち位置選定／競合との差別化）

ターゲットとする市場（顧客層）が決まったら、その市場における「やさ革屋と競合他社」の立ち位置を考えていきます。やさ革屋の商品がどんな優位性（強み）を持っているのか、競合他社とどう差別化できるのか等を明確にすることで、次のステップであるマーケティング施策が立てやすくなる等のメリットがあります。

通常このプロセスでは、ポジショニングマップと呼ばれる2軸のマトリックス図を使うのが一般的です。まずは縦と横の2軸を決めましょう。「やさ革屋の競争優位性をアピールできる要素」「競合他社と差別化しやすい要素」「顧客にとってニーズがある要素」などを考慮して選ぶのがポイントです。

まずは、「やさ革屋」および競合他社商品を列挙し、KBF（Key Buying Factor：購買決定要因。消費者が商品を購入する決め手）の評価を比較してみます。

	エコレザー商品（やさ革屋）	本革商品（A社）	合皮商品（B社）	ヴィーガンレザー商品（C社）	非レザー（布）商品（D社）
価格の安さ	○	×	◎	○	◎
品揃え	△	○	○	△	◎
耐久性	◎	◎	×	△	△
ビジネス向き	◎	◎	○	○	×
SDGs配慮	◎	△	○	◎	△
ブランド力	×	◎	△	△	○

　この中から2つのKBFを選んで2軸にし、やさ革屋と競合他社をマッピングしてみます。エコレザー商品の強みをアピールできる「SDGs配慮」と、ターゲット層のニーズに合う「ビジネス向き」を軸に選んで作成したポジショニングマップは図3-2-3の通りです。

図3-2-3　「やさ革屋」のポジショニングマップ

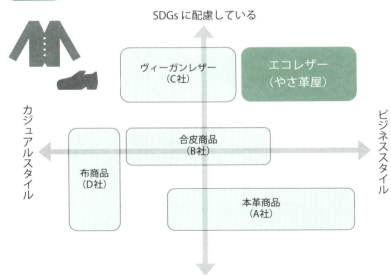

出所：筆者作成。

これで「SDGsに配慮した商品であり、ビジネススタイルにも適している」という、やさ革屋のエコレザー商品の強み、他社との差別化ポイントが明確になりました。この後進めるマーケティング戦略の方向性が見えてきたと言えるでしょう。

「ペルソナ」を設定して、顧客理解を深める

STP分析によって、やさ革屋が狙うべき顧客層「ターゲット」は明確になりました。このタイミングでぜひ、「ペルソナ」も設定しておきたいところです。

「ターゲット」は、年齢・性別・住所などいくつかの属性でざっくりとユーザーをグルーピング化するもので、「狙いたい／お客様になってほしい顧客層」の定義・注力すべき市場の絞り込みが目的です。「ペルソナ」は、基本属性に加えて価値観や趣味、1日のスケジュールなどを定義し、具体的なお客様像をモデル化するもので、顧客理解の深化・顧客視点を大切にしたマーケティング施策立案・社内への戦略共有等に役立てることができます。

やさ革屋の「ターゲット」
東京23区に在住し、SDGsに関心があり、ビジネス小物としてレザー商品を購入する傾向がある、平均以上の収入がある20〜40代の男女

このターゲットに含まれる顧客のうち、もっとも象徴的かつ重要なお客様像を、ペルソナとして設定していきます。環境分析の結果や、ペルソナに関する情報収集（既存データの活用／インタビュー・アンケート実施など）を行い、あたかも実在するかのように人物像を詳細に作りこんでいきましょう。

できる限りリアルに人物像をイメージできるように、ペルソナには名前（今回は「川野 薫（かわの　かおる）」さんと命名）やビジュアルイメージ（今回は生成AIにより作成）も付けるのがお勧めです。

　ペルソナを活用することで、顧客理解が深まり、顧客視点にたったマーケティング施策を考えやすくなります。

図3-2-4　「やさ革屋」のペルソナ例

ペルソナシート

名前	川野　薫	家族構成	独身	ビジュアルイメージ（AIで生成）
性別	男性	居住地	恵比寿	
年齢	30歳	趣味	ドライブ	
職業	広告代理店 営業	休日の過ごし方	筋トレ ゲーム	
年収	700万円	性格	社交的・向上心強い・新し物好き	
信条	オンタイムのファッションはビジネスカジュアル〜スーツ。レザー商品が好きだが、SDGsに配慮した商品を選びたいと考えている。			
よく見る新聞・雑誌・Webサイト	日経電子版・各業界紙・広報専門誌・各種雑誌デジタル版・ニュースアプリ			
よく使うSNSと頻度	X：トレンド把握・情報収集（1日数回） Instagram：友人とのコミュニケーション・情報収集（ほぼ毎日） YouTube：趣味の動画視聴（毎日）			

出所：筆者作成。

　ターゲットが複数あるのなら、ペルソナも複数作ると良いでしょう。作成したペルソナは、リアリティがあるかどうか／現実離れしていないかなど、社内で定期的に検証するようにしてください。ペルソナを関係者で共有することは、認識のずれを防ぐことにも役立ちます。

3-2のまとめ

　やさ革屋の限られた予算やリソースをどこに投入すべきか明確にすべく、戦略の方向性を固めました。また、ペルソナ設定とSTP分析により「どんな市場（お客様）をターゲットにするか」、すなわち「やさ革屋がターゲットとする顧客層＝東京23区に在住し、SDGsに関心があり、ビジネス小物としてレザー商品を購入する傾向がある、平均以上の収入がある20〜40代の男女」、および「やさ革屋の取るべき立ち位置＝SDGsに配慮した商品であり、ビジネススタイルにも適している」と定めました。

　次に、「どんな立ち位置でマーケティングを行っていくか」については、競合他社や競合商品と比較検討した上で、「SDGsに配慮しており、ビジネススタイルにも適している商品を取り扱っているお店」というポジションを確固たるものにすることを決めました。これらの戦略をもとに、具体的なマーケティング施策の選定に進みます。

3-3
• • •

やさ革屋が実施すべき
マーケティング施策を選び出す

progress

やさ革屋が狙っていくべき市場（お客様）や、やさ革屋商品の強みは何で、競合他社に対してどんな立ち位置で戦うべきか等、マーケティング戦略の方向性が見えてきました。さらに「ターゲット」だけでなく「ペルソナ」も設定できたことで、お客様をより深く理解しお客様目線に立って考えることができそうです。いよいよ、マーケティング戦略の実現に向けて具体的な施策を選びたいと思います。

企業視点で
マーケティング施策を検討する

　環境分析で顧客／競合／自社への理解を深め、STP分析とペルソナ設定で、自社にとってターゲットとすべき顧客の絞り込みと、競合他社と差別化するために訴求する自社の強み等、マーケティング戦略の方向性が決まりました。いよいよ、マーケティング戦略を実現するための、具体的な施策選びのステップに進みます。
　企業がターゲットとする市場において目的を達成するために、複数のマーケティング施策をうまく組み合わせて効果的な施術を立案する

作業を「マーケティング・ミックスの最適化」と言います。その際によく使われる手法が、「4P分析」です。

4P分析では、マーケティング施策を「Product（製品）」「Price（価格）」「Promotion（プロモーション）」「Place（流通）」の4つの構成要素と捉え、それぞれの視点から自社の商品やサービスを分析し、最適な施策の組み合わせを考えます。

具体的には、以下の4視点で分析していきます。

- Product（製品）：どんな特長・強みを持つ商品を市場に提供するのか
- Price（価格）：いくらで販売するのか
- Promotion（プロモーション）：どのような販売促進策を行うのか
- Place（流通）：どこでどのような形で販売するのか

図3-3-1　「やさ革屋」の4P分析

出所：筆者作成。

4P分析では、4つのPは密接に連携していることが大切です。4つのPに矛盾はないか／整合性はとれているかをしっかり検証しましょう。

顧客視点の「4C分析」で企業視点のマーケティング施策を検証する

　4P分析は、企業視点／プロダクトアウト（顧客のニーズよりも、企業がいいと思うもの・作りたいものを作って売る考え方）で行うため、顧客視点が弱いという欠点があります。そのため、顧客視点で見ても問題がないか検証するために、「マーケットイン」（顧客が望むものを作って売る考え方）で行う「4C分析」を使って、4P分析の結果を検証することがあります。

　4C分析では、以下の4視点で分析していきます。

- Customer Value（顧客価値）：顧客にとって商品の価値は何か
- Customer Cost（顧客コスト）：顧客が払う費用に対して商品価値は見合っているか
- Communication（コミュニケーション）：どんなコミュニケーションがあれば購入してくれるか
- Convenience（利便性）：顧客にとってどんな販売方法が便利なのか

図3-3-2　「やさ革屋」の4P分析と4C分析

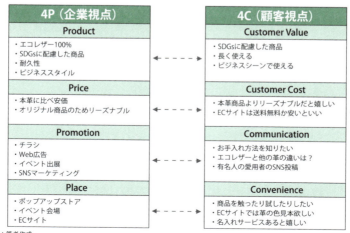

出所：筆者作成。

いわば対極にある4P分析と4C分析を比較することで、整合性がとれていること、一貫性があることが確認できました。戦略実現のためのマーケティング施策のうち、今回はPromotion（プロモーション）施策について検討を進めます。チラシ配布やイベント出展などの施策案もありますが、もっともスピーディーかつ低コストに始められるのが「SNSマーケティング」、すなわちSNSを活用するマーケティング施策でしょう。

やさ革屋のための
SNSマーケティング初期設計

SNSマーケティングの初期設計は、以下の手順で進めることができます。

(1) 目的（KGI／最終目標）を決める
(2) 対象（ターゲット・ペルソナ）を決める
(3) 活用するSNSと施策を決める
(4) 中間目標（KPI）を決める

やさ革屋における（1）と（2）については、今回はほぼ固まっていると言えるでしょう。

● KGI
「エコレザー」の素晴らしさを、1人でも多くの方に知ってもらうと同時に、ファッションや環境に関心がある多くのお客様に、当社のエコレザー商品を購入いただき長く愛用してほしい。

● 対象
「東京23区に在住し、SDGsに関心があり、ビジネス小物としてレ

ザー商品を購入する傾向がある、平均以上の収入がある20〜40代の男女」（ペルソナ：川野 薫さん）

続いて、「（3）活用するSNSと施策を決める」に進みます。もちろん、予算にもリソースにも余裕がある企業であれば、主要なSNSの全てを同時に活用することも可能ですが、やさ革屋をはじめ多くの企業や団体にとっては非現実的でしょう。

そこで、まずは各SNSの特長やユーザー属性、強み弱みなどを考慮して、「自社の目的達成に適している」「自社の対象が利用している」と思われるSNSを選び、スモールスタートから始めます。

まず「SNS」選びですが、これまでの分析や戦略から、以下要件を満たすSNSとして「Instagram」が最適と言えそうです。

- 対象（ターゲット・ペルソナ）が利用している可能性が高い
- 利用者の口コミ投稿を増やしたり広めたりできる
- ECサイトと連携できる
- SNS広告を出せる
- エコレザー商品の特長や魅力を伝える手段（画像や動画）が利用できる
- 「インフルエンサー活用」が有効である

まずはInstagramを使った施策を実施し、順調に軌道に乗ったところで他のSNS（やさ革屋の場合はXやYouTube等）にも横展開するのが良いでしょう。

次に、Instagramで行う具体的「施策」を検討していきます。お客様が商品を知るきっかけや購入方法がオフライン・オンラインを含め多岐にわたることから、顧客の購買までのプロセスと企業側の施策を図

図3-3-3 各SNSの特徴（2025年2月現在）

	LINE	YouTube	X	Instagram	TikTok	Facebook
ターゲット層が利用している	○	○	○	◎	△	△
口コミ投稿の増加/拡散が期待できる	×	×	◎	◎	○	△
ECサイトと連携できる	△	△	○	◎	△	◎
広告を出せる	◎	◎	○	◎	◎	◎
フォトジェニックな画像と好相性	△	×	○	◎	×	○
動画が投稿できる	△	◎	◎	◎	◎	◎
インフルエンサー活用が有効	×	◎	○	◎	◎	×

出所：筆者作成。

にまとめた「カスタマージャーニーマップ」を作って、やさ革屋がとるべき施策や考慮すべき課題を可視化するのがお勧めです。

　Chapter2でも出てきましたが、カスタマージャーニーとは、顧客（カスタマー）が商品購入（企業が設定しているゴール）に至るまでの道のり（ジャーニー）のことで、横軸には「顧客の行動フェーズ」を設定し、縦軸には、各フェーズごとに以下のような項目を記します。

- **ユーザー行動：ユーザーが起こすと思われる具体的行動**
- **タッチポイント：ユーザーと企業の接点（接触機会）**
- **施策：企業がとる施策**

　図3-3-4をご覧ください。今回のカスタマージャーニーマップにおける「ユーザー」はペルソナ（川野 薫さん）を想定し、「施策」は「Instagramで実施する施策」に限定して分析・検討を行います。

図3-3-4　カスタマージャーニーマップ

フェーズ	認知	興味・関心	比較・検討	購入	利用	推奨
ユーザー行動	・SNSで見かける ・ポップアップストアを見つける ・Web広告を見る	・公式SNSアカウントをフォローする ・SNSで検索する ・Googleで検索する ・ポップアップストアで手に取る	・購入者の口コミを調べる ・商品の詳細ページを見る ・類似商品と比較する ・店舗で実物を確認する	・ECサイトで購入する ・ポップアップストアで購入する	・オンタイムに利用する ・ケア方法を調べる	・感想をSNSに投稿する ・プレゼント品として検討する
タッチポイント	・SNS (Instagram) ・ポップアップストア	・公式Instagramアカウント ・ECサイト ・ポップアップストア	・Instagram ・ECサイト ・ポップアップストア	・ECサイト ・ポップアップストア	・ECサイト ・公式Instagramアカウント	・ECサイト ・Instagram
主な施策	SNS公式アカウント運用（定期的な投稿による情報発信／アクティブコミュニケーション） → → → → →					
		インフルエンサー活用（インフルエンサーマーケティング） → → → →				
		広告（ECサイトへの誘導） → → →				
		キャンペーン（クーポン・プレゼントなど購入促進） → → →				
	広告（認知拡大）					
	キャンペーン（認知拡大） →					
					キャンペーン（口コミ増加） →	

出所：筆者作成。

さて、カスタマージャーニーマップを作成して検討した結果、Instagramで以下4種類の施策を実施するのが良さそうという結論に達しました。

- SNS公式アカウント運用（認知〜推奨フェーズ）
- インフルエンサー活用（認知〜利用）
- 広告（認知〜購入）
- キャンペーン（認知〜推奨）

3-3のまとめ

　前節で決定したマーケティング戦略をもとに、4P分析／4C分析を行うことで、やさ革屋のとるべき具体的なマーケティング施策を選びました。

　施策のうち「プロモーション」ジャンルで挙がった施策は、「チラシ配布」「イベント出展」「SNSマーケティング」などです。中でも、限られた予算を有効に使えることや、スピーディーに始められることから、まずは「SNSマーケティング」に絞り込んで具体的な施策内容を検討していきます。

　第一に、SNSマーケティングの初期設計として、注力するSNSと施策を選びます。

　SNSの種類は、やさ革屋の目的達成やターゲットと相性の良さそうなInstagramに注力することに決めました。またInstagramでの具体的施策内容は、カスタマージャーニーマップを作成して検討した結果、「SNS公式アカウント運用」「インフルエンサー活用」「広告」「キャンペーン」などを実行します。

3-4

···

Instagramを使って「エコレザー」「やさ革屋」の認知を高め、お客様を増やす

progress

ついにマーケティング施策の実行フェーズに入ります。ポップアップストアでの販促や、将来的にはイベント出展、Web広告など、多岐にわたるチャネルでの施策を進めていく予定ですが、まずは低コストでスピーディーに始められるSNSマーケィングです。第一に、費用はかかるもののスピーディーに開始できる「Instagram広告」について、専門家のアドバイスをもらいつつ進めていきます。

Instagram広告で「やさ革屋」「エコレザー」の認知拡大を目指す

Instagram広告は、Instagramユーザーに対して様々な目的の広告が表示できる機能です。主な特徴は以下の通りです。

- 多彩な広告フォーマットが利用できる
- 少額予算（1日100円～）でも配信できる
- 一般ユーザーの（広告ではない）投稿の間に自然になじむ形で表示される

- 比較的精度の高いターゲティング（広告配信先の絞り込み）が可能
- AIが機械学習を行い、広告のパフォーマンスを自動的に最適化してくれる
- 多彩な広告配信場所
  - ・フィード：Instagramを開いた時に表示される投稿
  - ・ストーリーズ：24時間で消える縦型投稿
  - ・リール：フォロワー以外にも表示される縦型投稿
  - ・発見タブ：ユーザーひとりひとりの好みに応じてAIが選んだ投稿が表示されるタブ

　少額予算から手軽に始められる等メリットの多いInstagram広告。すぐに始めたいところですが、まずは以下の初期設計から進めましょう。また事前準備として、Instagramアカウントを「プロアカウント」に切り替えておくことが必要です。

（1）広告を出す「目的」を決める
（2）広告を届けたい「対象」を決める
（3）広告の詳細（予算・期間・コピー／クリエイティブ）・KPI（Key Performance Indicator）を決める

　（1）の「目的」ですが、今回の広告の目的は「エコレザー」および「やさ革屋」の認知拡大です。
　（2）の「対象」は、広告を配信するターゲットのことです。「地域」「年齢」「性別」「興味・関心」などの条件を手動設定して、やさ革屋にとってのターゲット／ペルソナに近いユーザーをターゲティングすることが可能です。Meta社の高度なAIが適切なターゲティングを自動で行ってくれる「Meta Advantage+ オーディエンス」の利用もお勧めです。
　（3）の「詳細」では広告予算を設定し、広告を配信する期間を設定します。

図3-4-1 「予算」「スケジュール」を設定

出所：「Meta広告マネージャ」の画面より

---

column

Instagram広告予算はどのくらい必要？

　Instagram広告は1日100円から出すことができますが、費用に見合った効果を得るためにはある程度の予算が必要です。では、具体的にいくらくらい用意すれば良いのでしょうか？

　Instagram広告を見たユーザーが、広告の目的である行動（例：「URLをクリックする」「問い合わせる」「商品を購入する」など）を完了した成果のことを「コンバージョン」と言います。1ヶ月分のInstagram広告予算は、ざっくりと以下の計算式で出すことができます。

コンバージョン単価（1回のコンバージョンにかかった費用）

×

50回（Instagram広告はAIによって最適化されており、その機械学習のために推奨されている1週間あたりコンバージョン数）

×

4週間（1ヶ月分）

＝

1ヶ月分のInstagram広告予算

　コンバージョン単価については、業種や広告出稿時期、コンバージョンの種類、広告内容等によって異なるため、絶対的な参考単価は提示できないのが実情です。

　そこでお勧めなのが、「自社で広告のテスト出稿を行い、コンバージョン単価の参考額を算出する」方法です。例えば、「1日1,000円程度×4週間」という少額の広告出稿を行い、1回のコンバージョン獲得に費用がいくらかかったかを算出します。この値を「コンバージョン参考単価」として、本格的に広告出稿する際の予算策定に生かしましょう。

　広告用のテキスト（コピー）や画像／動画（クリエイティブ）をセットしたら、プレビューで仕上がりを確認できます。問題なければ広告配信をスタートしましょう。テキストも画像／動画も複数用意して、数パターンの広告を出してみるのがお勧めです。広告配信後のパフォーマンスを日々確認し、「ユーザーからの反応が良いテキスト／画像の組み合わせパターン」に予算を寄せたり、逆に反応が悪い広告は配信を停止したりすることで、費用対効果を上げることも可能でしょう。

図3-4-2　広告のプレビューを確認

フィード広告
プレビュー

ストーリーズ広告
プレビュー

出所：筆者作成。

---

column

広告がユーザーに全然クリックしてもらえない時は？

　例えば、ECサイトへ誘導するURLを含めたInstagram広告を出しているのに、ユーザーが全然クリックしてくれない（クリック率が低い）場合に考えられる原因と改善案は、以下の通りです。

・**広告のターゲットが不適切（ずれている）**
　皆さんの企業／店舗にとってのターゲット／ペルソナにあたるユーザーに対して、適切に広告出稿できているか確認しましょう。

・**広告のクリエイティブに課題**
　ついクリックしたくなるような画像／動画／テキストを工夫してみましょう。

・機械学習による広告最適化がされていない

上述しましたが、Instagram広告はAIによる配信最適化が行われています。そのAI学習にあたって推奨されている「1週間に50回以上のコンバージョン」が達成できていない可能性があります。十分なコンバージョン達成ができるように広告予算を増やしてみましょう。

・フリークエンシー（広告の表示回数）が高い

同じ広告がユーザーに繰り返し表示され、敬遠されている可能性があります。広告のターゲットを広げて新たなユーザーに見てもらうよう試みたり、新しい広告クリエイティブを追加してユーザーの興味をひくよう工夫したりしてみましょう。

図3-4-3
Instagram広告のクリック率が低い場合に考えられる要因と改善策

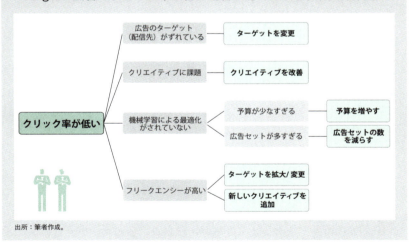

出所：筆者作成。

マーケティング施策の
成果が出ていない時は?

　「やさ革屋」「エコレザー」の認知拡大を目指して、「Instagram広告」を3ヶ月間ほど出してみました。現時点でその効果を振り返ったところ、Instagram広告そのもののパフォーマンス（インプレッションなど）は良好だったものの、以下のような課題が見つかっています。

- ●ECサイトへのアクセスは増えたが、売上増加につながっていない
- ●ポップアップストアの来店数／売上増加につながっていない
- ●エコレザーに対する正しい知識がまだ広まっていない

　もちろん、SNS活用施策は売上に「直接的」に貢献しにくいものではありますが、今回実施したInstagram広告の成果を見る限り、「間接的」には貢献できていると考えられます。そこで、上に挙げた課題の要因を探り、売上増加につなげられるようマーケティング施策の改善を図ります。

ECサイトでの
売上を増加させるには?

　Instagram広告経由でECサイトにアクセスしてくれるユーザーは増えているのに、売上が増えていない。その要因を探り、改善策を考えてみましょう。
　まず、「ECサイトの売上が増えない」要因として考えられるものとして、以下4つが想定されます。

- ECサイト訪問者が少ない
- ECサイトの使い勝手が悪い
- 商品の魅力不足
- 価格競争力不足

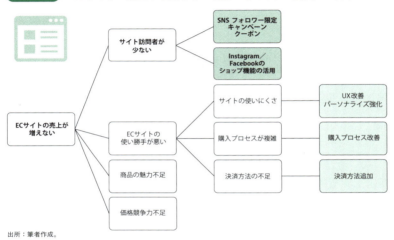

図3-4-4　ECサイトの売上が増加しない場合に考えられる要因と改善策

出所：筆者作成。

「ECサイト訪問者が少ない」課題を解決するための改善策としては、SNSで現在実施中の「Instagram広告」の他に以下の施策が考えられるでしょう。

・SNSフォロワー限定キャンペーン
　ECサイトで購入した商品をSNS投稿で紹介してくれたフォロワーには、ポイントや割引券をプレゼント、など。

・SNSフォロワー限定クーポン
　「やさ革屋」公式SNSアカウントのフォロワー限定で「ECサイトで

利用できる●●円割引クーポン」をSNS上で配布、など。

・InstagramやFacebookのショップ機能を活用

　ショップ機能とは、InstagramやFacebookの投稿画像や投稿動画に商品タグを付け、ユーザーがタグをタップするとECサイトに遷移させることができる機能のこと。

図 3-4-5　InstagramやFacebookのショップ機能（イメージ）

出所：筆者作成。

　「ECサイトの使い勝手が悪い」ことの要因は、さらに「サイトの使いにくさ」「購入プロセスが複雑」「決済方法の不足」などに分解することができます。これらの改善策（例：UX改善、パーソナライズ強化など）は、ECマーケティングの範疇です。

　また他の要因として「商品の魅力不足」「価格競争力不足」などが考えられますが、これらの改善策もSNSマーケティングの枠を超えますので、詳細は割愛します。

ポップアップストアの
売上を増加させるには？

　「ポップアップストアの売上が上がらない」ことの要因については、前述した「商品の魅力不足」「価格競争力不足」の他にも以下２つが考えられそうです。

- 来店客が少ない（立地が悪い／営業日時が不便／プロモーション不足）
- ポップアップストアそのものに課題がある（ディスプレイや導線が悪い／品揃えが悪い／接客が悪い）

　「来店客が少ない」ことの要因は、さらに「立地が悪い」「営業日時が不便」「プロモーション不足」に分解することができます。立地と営業日時については、「やさ革屋のペルソナにとって訪れやすいかどうか」を検証し、必要に応じて変更することが望ましいでしょう。
　そして「プロモーション不足」を解決するためには、SNSが活用できそうです。

- ポップアップストアの事前告知投稿
- ポップアップストア店内からのライブ配信やリアルタイム情報（混雑具合など）の発信
- ポップストア店内での撮影＆SNS投稿を推奨（フォトスポット／ハッシュタグを用意）
- SNSフォロワー限定クーポンの配布

　SNSを使ったプロモーションだけでなく、「立地」「営業日時」の見直しやポップアップストアそのものの課題（ディスプレイ／導線／品

揃え／接客など）についても、改善策を考えて実行するのが望ましいでしょう。

エコレザーに対する正しい知識を広めるには？

　第1節でのクロスSWOT分析によって、エコレザーの認知拡大のための施策として「SNSを使ったプロモーション」と「ポップアップストアでの体験コーナー設置」を導き出し、実施してきたわけですが、まだ不十分のようです。

　以下に挙げるような追加施策もあわせて実施していきたいところです。

- 「エコレザーとは？」をテーマにした無料冊子を作成し、ポップアップストアで配布する（冊子のPDFはホームページやECサイトからダウンロード可能にする）
- エコレザーの特性や環境への貢献を伝えるセミナーやウェビナーを開催する

Point!

　こうした追加施策を検討する際に避けて通れないのが「費用」です。例えば、冊子の場合は製本せずに「PDFで配布」、講座の場合は会場や配布資料の準備が要らない「ウェビナー（オンラインセミナー）」形式を選べば、実施費用を大幅に押さえることが可能になります。

必要に応じて
戦略の方向性から立て直す

　やさ革屋では、ポップアップストアとECサイトの売上が伸び悩んでいるわけですが、ここまで挙げたような追加施策を実施しても成果につながらないという場合は、再度3C分析やSWOT分析、STP分析に戻り戦略の方向性から見直すことも検討すべきです。

　例えば、やさ革屋のターゲットである「SDGsに関心があり、ビジネス小物としてレザー商品を購入する傾向がある、平均以上の収入がある20-40代の男女」は忙しく、営業期間が限定的なポップアップストアに足を運ぶのは難しい可能性があります。一方で色々なECサイトでショッピングを楽しんでいるため、やさ革屋にとってのライバルも多そうです。

　そこで、4P分析の「Place（流通）」に、以下を追加してみるのも選択肢の1つです。

- サステナブル志向のセレクトショップへの委託販売
- 法人向けノベルティ（記念品）としての販売

　サステナブル志向のセレクトショップには、SDGs関心層であるユーザー（＝やさ革屋のターゲット）が訪れる可能性があり、認知拡大や売上増加が期待できそうです。複数の店舗を持つセレクトショップと契約することで、これまで以上に「エコレザー商品を実際に手に取ってもらう機会」をふやすことができるでしょう。

　また、企業のノベルティとして、やさ革屋のエコレザー革小物を提案することは、認知拡大だけでなく、まとまった数の売上も期待でき

ます。さらに、やさ革屋のターゲット層はビジネスパーソンなので、どこかの企業のノベルティとしてエコレザー商品を手に入れる可能性があります。エコレザーを知り気に入ったら、今度は自腹で追加購入してくれるかもしれません。また、エコレザー革小物をノベルティにするというアイデアは、SDGsに積極的に取り組んでいる企業や団体に喜ばれるはずです。

　これまでBtoC（企業対消費者の取引）ビジネスを行ってきたやさ革屋にとって、こうしたBtoB（企業間取引）ビジネスへの参入は大きなチャレンジですし、当初は想定していなかった展開でしょう。それでも、目指すべきゴール（多くの人に知ってもらい、買ってもらう）の達成のためには、これらも追加施策の選択肢に入れて検討したいものです。

column
「BtoB」ビジネスと「BtoC」ビジネスの違い

　BtoBビジネスとBtoCビジネスには、顧客層や取引の性質などに大きな違いがあります。表は、いくつかの項目で両者を比較したものです。

BtoB	項目	BtoC
企業・組織	対象顧客	一般消費者
大規模	取引規模	小規模
複雑で時間がかかる	購入までのプロセス	比較的簡単でスピーディー
直販や代理販売が中心	販売チャネル	店舗、オンラインなど幅広い
安定的	収益モデル	景気やトレンドの影響を受けやすい
比較的少ない	競合	多い

どちらにも一長一短ありますが、自社の提供する商品・サービスの特性や、ターゲットとする市場、自社内のリソースなどを考慮して、適していると思われる方を選択すると良いでしょう。

（例）
・高単価で専門性の高い製品やサービスを提供し、長期的な取引を目指す場合
　→　BtoB
・広範な市場に向けて、短期的な売上やブランド構築を重視する場合
　→　BtoC

なお、BtoBビジネスにおいてもSNSマーケティングは有効ですが、取り組んでいる企業の数はBtoC企業と比べるとかなり少ないのが現状です。

3-4のまとめ

　やさ革屋のマーケティング戦略実現のため、具体的なマーケティング施策の中から、商品や店舗の認知拡大に効果的な「Instagram広告」に取り組み始めました。PDCAをスピーディーに回し続けることで、限られた広告予算を最大限に活用できるのが利点です。

　もちろん施策をただやりっぱなしにはせず、定期的に効果検証を行うことも大切です。成果が出ていない等の課題が生じた場合には、その要因について仮説を立て、適切と思われる改善策を実行して結果を確認します。

　今回、Instagram広告自体のパフォーマンスが良いにも関わらず、ECサイトやポップアップストアの売上向上には貢献できていないという課題が見つかりました。そして要因を分析し改善案を検討した結果、SNSマーケティングおよびSNS以外の施策を追加で実施することが望ましいようです。

　それでも成果が出ない場合には、初期の分析に戻り、戦略の方向性から再検討することも検討してみるのが良いでしょう。

Chapter

4

BtoB の製造業（老舗の町工場）の場合

CASE

創業79年、技術力には定評ある老舗の町工場「株式会社みらい製作所」だが、ここ数年は人手不足が深刻化。製造業自体のイメージが良くないからか、特に若手の採用は壊滅的だ。今後も、その傾向が強くなっていくことは間違いないだろう。果たして打開策はあるのだろうか？

introduction

　私は、創業79年の町工場「株式会社みらい製作所」の三代目社長です。祖父が創業し、6年前に父から社長業を引き継ぎました。当社では、地元をはじめ全国の企業から依頼を受けて各種金属部品を製造しています。
　確かな技術力を評価いただいてきたことで経営はそこそこ順調なのですが、人材採用には苦労しています。ここ数年はとくに人手不足が深刻化しており、「人さえいれば、もっと仕事を受けられるのに」と残念に思う場面が時々あります。ですが求人広告を出しても応募が少なく、面接に来る方も限られています。

　「高齢社会白書」によると、生産年齢人口（15〜64歳）は1995年をピークに減少しており、2022年には7,421万人（総人口の59.4％）。さらに2050年には5,540万人にまで減少するらしいです。当社がこのまま手を打たなければ、若手人材不足がますます深刻化することは間違いないでしょう。

▼高齢化の推移と将来推計

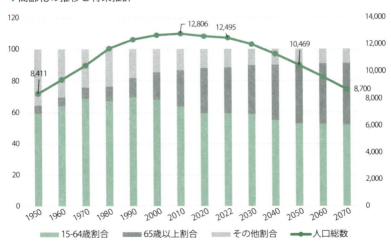

出所：令和5年度版高齢社会白書　https://www8.cao.go.jp/kourei/whitepaper/w-2023/html/zenbun/s1_1_1.html

そもそも、若い世代の間では製造業のイメージがあまりよろしくないようです。「きつい」「汚い」「危険」という「3K」に加えて、工場を「(うす)暗い」場所として捉えているように感じます。実際には最新の機械や技術、新デザインの作業着を導入し、社員がくつろげるスペースを増やし、働きやすい環境を整えているのですが、そうした情報も、ものづくりの魅力も、若者にはなかなか伝わらないのが悩みです。

　先述した白書では高齢化率上昇が課題に挙げられていましたが、当社も例外ではありません。当社には、60代や70代で活躍している熟練の技術者たちがいます。そして彼らが退職を迎えると、その知識や技術が失われてしまうことも懸念しています。彼らの技術を次世代に継承する必要がありますが、それも容易ではありません。応募し入社してくれる人はほとんどが未経験者のため、一から育てる必要があるのですが、人手不足のために現場は常に忙しく、新人をじっくり育てる余裕がないのが現状です。

　このままでは工場の未来、ものづくりの将来が危ぶまれます。地域の経済を支えまちづくりに寄与するためにも、何とかして人材、特に若手人材を確保しなければならないと強く感じています。

　私の代で社名表記を変え、工場の環境を変え、ホームページも立ち上げました。次はSNSで自社の魅力をアピールだ！と思い、広報担当者がいないので自分でXアカウントを立ち上げたこともあります。しかし、社長業の傍らでSNS用の写真を撮ったり文章を考えたりするのはかなり大変だったうえに、毎日こまめに情報発信を続けないとフォロワーが全然増えなかったために挫折してしまいました。

　創業80周年を前にあらためて「労働力の確保と技術継承のため、若手人材を採用したい」と決意し、WebサイトやSNS運用経験を持つ広報担当者も1名採用したところです。SNSを使った採用マーケティングを、本格的に始めたいと思います。

4-1
...

若者が町工場に入社してくれる
可能性はあるのか？

progress

仕事はあるのに人手が足りない──贅沢な悩みに聞こえるかもしれませんが、当社にとっては深刻な事態です。もちろん、これまでも「採用活動」は続けてきました。しかし、時代も求職者も変わったためか、応募数は年々減るばかりです。このまま売り手市場が続く可能性もある中、当社の人材採用方法を変えることで現状を打破したいと思っています。

「採用マーケティング」とは

近年では以下のような理由から、マーケティングの手法を採用活動に取り入れる「採用マーケティング」に注目が集まっています。

● 高齢化と生産年齢人口の減少による、人材獲得競争の激化
優秀な人材を確保するには、従来の方法だけでは難しくなっています。

● 求職者の価値観の変化
ここ20年間の変化として、「会社の発展のために尽くす」という回答は減少傾向で、「会社や仕事より自分や家族を優先したい」とする回答

が増加。ワークライフバランスへの意識が高まってきています。

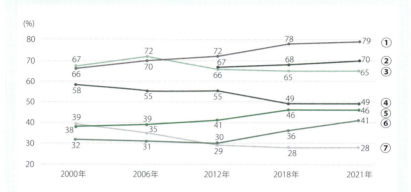

図4-1-1 「就業価値観の推移」

出所：厚生労働省「経済社会と働き方の変化等について」 https://www.mhlw.go.jp/content/11201250/001074775.pdf

図4-1-1のグラフの凡例は、以下の通りです。

> ①会社や仕事のことより、自分や家族のことを優先したい
> ②現在の業務に満足している
> ③資格を取得したりして、能力の向上に積極的に努めたい
> ④自分の仕事の目的は会社を発展させることである
> ⑤たとえ収入が少なくなっても、勤務時間が短いほうがよい
> ⑥本業以外の仕事も持ちたい
> ⑦できれば自分で独立して事業をおこしたい

● 採用手法の多様化

インターネットやSNSの普及、若年層の行動様式の変化などを受けて、採用手法は多様化しています。自社の限られたリソースをどの手法に注力すべきか、優先度を考慮して決めることが必要です。

なお、従来の採用手法といえば、対象が「応募者（求職者）」、目的は「企業が、候補者の中から採用したい人を選ぶ」ためのものでした。基本的には、「応募〜採用」までのプロセスを対象範囲とします。

　それに対して、採用マーケティングの対象は「（今すぐには応募を考えていない）潜在的応募者や（顕在的）応募者、在籍中の社員、（定年以外の）退職者」と多岐にわたり、目的は「候補者に自社を選んで入社してもらう」などが挙げられます。対象となるプロセスは「認知〜入社後」までと広いのも特徴です。

　従来型の採用手法だけでは効果が出ていない「みらい製作所」も、採用マーケティング導入を試してみるのがよいでしょう。

図4-1-2　「従来型の採用手法」と「採用マーケティング」

	従来型の採用手法	採用マーケティング
対象（ターゲット）	顕在的応募者	潜在的／顕在的応募者・在籍中の社員・退職者
対象フェーズ	応募〜採用	認知〜応募〜採用〜入社後
対象へのアプローチ	受動的	能動的
コミュニケーション	一方的	双方向
採用チャネル	求人サイト・求人広告・説明会・ハローワーク	SNS・ダイレクトリクルーティング・リファラル採用・アルムナイ採用
KPI（評価基準）	応募数や採用数が中心	企業認知度・エンゲージメント率・リファラル／アルムナイ採用の成果・選考プロセスへの満足度

出所：筆者作成。

column

最近注目の「リファラル採用」「アルムナイ採用」

　人材不足に悩む企業が増えている昨今、効率的かつ戦略的な人材採用を可能にする手法として注目を集めているのが、「リファラル採用」と「アルムナイ採用」です。

● リファラル採用とは

「リファラル（Referral）」は「紹介」「推薦」の意味を持つことから、「採用候補者として、自社社員から友人や知人を紹介してもらう採用手法」を指します。

紹介者（社員）は企業文化や求められるスキルを理解した上で候補者を推薦するため、企業文化にマッチした人材採用が可能です。また、紹介者である社員は、採用プロセスに積極的に関与することで会社への貢献意識や帰属意識が高まります。

● アルムナイ採用とは

「アルムナイ（Alumni）」は「卒業生」「同窓生」の意味を持つことから、「その企業で過去働いていた退職者を再雇用する採用手法」を指します。

アルムナイは企業文化や業務プロセスを理解しているため、職場に早くなじみ、即戦力としての活躍が期待できます。アルムナイが再び戻ってくることで「この企業は働きやすい職場である」という良い印象を社内外に与えることもできます。

両者に共通するメリットとしては、「各種プロセスが短縮できるためスピーディーに採用できる」「求人広告や人材紹介会社を利用する必要がなくコスト削減が可能」「採用後の定着率が高い」などが挙げられます。優秀な人材を効率よく獲得するために、デメリットにも注意しながらうまく取り入れてみると良いでしょう。

「3C分析」で
候補者・競合・自社について理解する

　通常のマーケティングでは、まず自社およびそれを取り巻く現状を正しく把握するために、客観的な目線で多角的な現状分析を行える「3C分析」から始めるのがお勧めですが、採用マーケティングでも同様です。3C分析によって、特に「自社の強み」を明らかにしていきましょう。

　なお、通常のマーケティングにおける「3C分析」では、「顧客（Customer）」「競合（Competitor）」「自社（Company）」の3つの要素を軸に分析しますが、採用マーケティングの「3C分析」では、「候補者（Candidate）」「競合（Competitor）」「自社（Company）」の3要素について理解を深めていきます。

❶　Candidate（候補者・市場）

　以下の観点から、「（自社が採用したい）候補者」を把握します。

人気の業種／職種・候補者が求める待遇／条件・就職／転職理由・性格・価値観

　「みらい製作所」が特に対象としたい若年層の調査結果等を探したところ、厚生労働省「経済社会と働き方の変化等について」を見つけました。参考になる情報をまとめると、次のようになります。

● 厚生労働省「経済社会と働き方の変化等について」によれば、大学生が働きたい組織の特徴は「若く新しい企業」よりも「歴史や伝統がある企業」、「リスクをとり、チャレンジングな事業成長を目指し

ている企業」よりも「安定し、確実な事業成長を目指している企業」、「個人の生活をサポートする制度はないが給与は高い企業」よりも「個人の生活をサポートする制度を充実させる代わりに給与は低い企業」のほうが支持されている（図4-1-3）。

図4-1-3 「働きたい組織の特徴①」

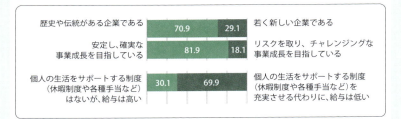

出所：厚生労働省「経済社会と働き方の変化等について」 https://www.mhlw.go.jp/content/11201250/001074775.pdf
を元に筆者作成。

- 同資料によれば、大学生が働きたい組織の特徴として「これまでの経験と無関係にゼロから学べる」「会社のもつノウハウや型を学ぶことで成長する」「周囲に優秀な人材が多く刺激を受けられる」「仕事のやり方の型が明確で、それに則ることが期待される」ような組織が支持されている（図4-1-4）。

図4-1-4 「働きたい組織の特徴②」

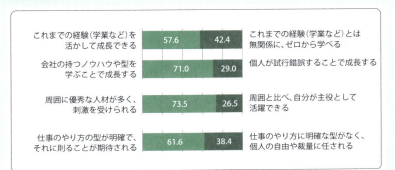

出所：厚生労働省「経済社会と働き方の変化等について」 https://www.mhlw.go.jp/content/11201250/001074775.pdf
を元に筆者作成。

- さらに同資料によれば、大学生は「きれいで整然としたオフィス」で「仕事と私生活のバランスを自分でコントロールできる」組織を支持している。少し意外にも感じるが、個人より大人数・チームで働くことを望み、プライベートでも仲がよく、コミュニケーションが密で一体感を求められるような組織を支持している（図4-1-5）。

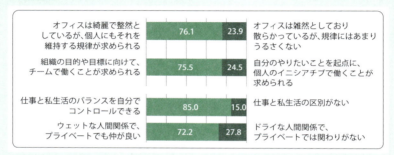

図4-1-5　「働きたい組織の特徴③」

出所：厚生労働省「経済社会と働き方の変化等について」 https://www.mhlw.go.jp/content/11201250/001074775.pdf を元に筆者作成。

　ところで、「みらい製作所」をはじめとする「製造業」の人気度合いについて、高校生・大学生の就職志望業界ランキングを調べてみました。その結果、大学生では文系・理系問わずランキングTop10以内に「製造業」は入っていません。一方で、「高校生就活アンケート」によると、就職先として興味のある業界第1位が「製造・ものづくり業界」でした。ちなみに同調査によれば、高校生が応募先を決める決め手は、「給与」「仕事の内容」「年間休日」「職場の雰囲気」が上位を占めています（図4-1-6）。

　以上の調査結果などから、現状「製造業」は高校生の就職先として人気が高い一方、大学生には不人気な状況だと言えそうです。しかしながら、大学生が支持している「働きたい組織」の特徴の多くは「みらい製作所」にも当てはまるものであるため、「同社の魅力」を若者に認知してもらうよう注力することが大切でしょう。

4-1 若者が町工場に入社してくれる可能性はあるのか？

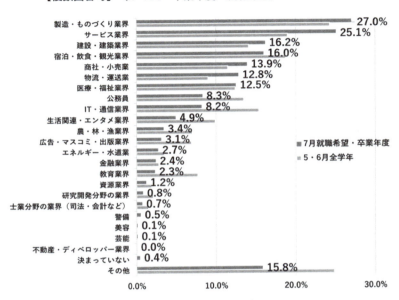

図4-1-6 「高校生が就職先として興味のある業界」

出所:「ジョブドラフトFes」高校生就活アンケート https://jinjib.co.jp/archives/10221

2 Competitor（競合）

以下の観点から、「競争相手の立ち位置・競合状況」を把握します。

事業内容／打ち出している魅力／求人倍率／口コミサイトでの評価

「みらい製作所」にとって、人材採用の競合に該当するのは「近隣にある他の町工場」「他業種の中小企業（サービス業・建設業・飲食業）」

「大企業の製造部門」などです。

「近隣にある他の町工場」と「みらい製作所」は、同じようなスキルセットを持つ人材を求める可能性が高いため、直接競合に該当するでしょう。

「他業種の中小企業（サービス業・建設業・飲食業）」は、地元の求職者が就職先として候補に入れやすいと考えられます。上述した「高校生が就職先として興味のある業種ランキング」でも上位に入っていました。ちなみに厚生労働省の調査によれば、「サービス業・飲食業」は高卒／大卒就職者の短期離職率が高いため、「みらい製作所」における社員定着率の高さが差別化ポイントになりそうです。

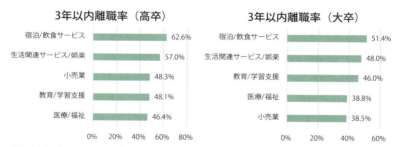

図 4-1-7　「3年以内離職率の高い5産業」

出所：厚生労働省ニュースリリース「新規学卒就職者の離職状況（令和2年3月卒業者）を公表します」（https://www.mhlw.go.jp/content/11805001/001158687.pdf）を元に筆者作成。

「大企業の製造部門」は、町工場と同じく製造技術者や工場労働者を必要とします。より高い給与や福利厚生を提供できる可能性が高いため、「みらい製作所」にとっては強力な競合となると思われます。

以上から、「みらい製作所」の人材採用における競合は、様々な規模や業種の組織が該当しています。自社の立ち位置や強み・他組織との違いを明確にし、応募者（求職者）に理解してもらうよう戦略を立てたいところです。

3　Company（自社）・・

以下の観点から、「自社の現状や強み弱み」等を把握します。

売上高／市場シェア／待遇・社風／口コミサイトでの評価

「みらい製作所」の現状や求職者に対する強み弱みは、次のようになります。

【特徴】
- 「創業 79 年」＝「高い技術力と信頼の証」
- 明るくクリーンな工場（3 年前に改修済み）
- 「社内マイスター制度」導入

【待遇】
- 給与は同規模／同業種の平均以上
- オリジナルデザインの作業着を貸与
- 社員専用カフェテリア（休憩スペース）

【社風】
- 仕事に誇りをもって真面目に取り組む職人タイプの社員が多い
- 年齢／社歴に関係なくフラットにコミュニケーションがとれる
- 風通しが良い

「みらい製作所」は高い技術力と信頼を持ち、歴史ある企業です。伝統を大事にしているだけでなく、明るくクリーンな工場・オリジナルデザインの作業着・社員専用カフェテリアなど、新しい設備投資にも積極的で、社員の労働環境の改善に努めている点は求職者にとっても大きな魅力でしょう。

待遇面では、給与が同規模・同業種の平均以上である上に、「社内マイスター制度」によって、若手社員が専門技術を習得しやすい環境を整えています。手に職を付けたい若者には嬉しい制度でしょう。社内には仕事に誇りを持って真面目に取り組む社員が多いのですが、年齢や社歴に関係なくフラットにコミュニケーションがとれる風通しの良さも併せ持ちます。給与や福利厚生面、知名度では大企業に劣る面もあるものの、総合的に見ると「ものづくり」を生業とする他の町工場にはない強み／魅力を多く持っている企業と言えるでしょう。

図4-1-8　「みらい製作所」の3C分析

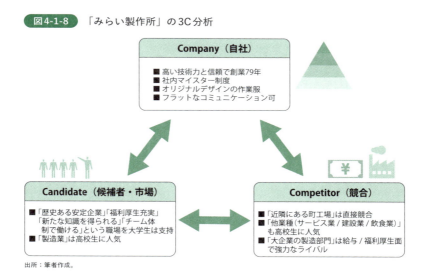

出所：筆者作成。

　ここまでの分析を通して、採用市場における「みらい製作所」の現状や、候補者（求職者）にアピールできる独自の魅力などをざっくり挙げることができました。とはいえ、ここからいきなり具体的な戦略に落とし込むのは難しいので、3C分析の結果に「時間軸（現在・未来）」を組み合わせて分析する「SWOT（スウォット）分析」を行い、採用市場における「みらい製作所」の「強み」「弱み」、外部環境の「機会」「脅威」を洗い出していきたいと思います。

「SWOT分析」で、採用市場における 自社の「強み」「弱み」「機会」「脅威」を分析する

通常のマーケティングと同様、採用マーケティングでも「SWOT分析」は有効です。自社を取り巻く外部環境と、自社における内部環境のプラス面／マイナス面をそれぞれ洗い出し分析することで、採用マーケティングの戦略立案・施策の策定などにつなげていきます。

では、「みらい製作所」におけるSWOT分析を、順を追って進めてみましょう。

S：強み（Strength）：求職者にとって魅力的な強み（自社／商品／サービスの長所・優位性など）

高い技術力と信頼によって守られてきた「創業79年」の伝統は、まぎれもなく「みらい製作所」ならではのユニークな強みでしょう。現社長が推進してきた、安全でクリーンな工場やオリジナルデザインの作業着など、快適な労働環境も魅力の1つです。社内マイスター制度を作り、熟練社員から若手社員に専門技術が継承される仕組み化も、手に職を付けたい若者には響くことでしょう。他業種に比べて離職率が低い事実は、社員の満足度が高いことを物語っています。

W：弱み（Weakness）：求職者にマイナスに取られうる弱み（自社／商品／サービスの短所・課題など）

「製造業」そのものが大学生の就職先として人気が低いことや、「みらい製作所」は大企業に比べて認知度が低く、給与／福利厚生面は（同業他社の平均以上とはいえ）大企業に及ばないことも弱みと言えるでしょう。同社の高い技術力を支えている熟練技術者たちの高齢化も、マイナスに捉えられる可能性があります。

O：機会（Opportunity）：求職者に対して自社をアピールできる機会
ものづくり業界の需要は上昇を続けており、仕事には事欠きません（人手不足で困っているほどです）。業界の将来性に不安はないでしょう。また、「製造業・ものづくり業界」は高校生の就職先人気ランキングでトップに位置しています。「製造業」は大学生には不人気ですが、ワークライフバランスを重視したい若者にとって「みらい製作所」は働きやすい組織であると言えるでしょう。

T：脅威（Threat）：採用活動における自社にとっての脅威
日本全体が生産年齢人口の減少と高齢化の問題を抱えており、結果的に採用市場は「売り手市場」のため優秀な人材は取り合いになってしまう点が脅威と言えるでしょう。また、採用市場においては、「大企業の製造部門」や「他業種（サービス業・飲食業など）」、近隣にある他の町工場など、さまざまな規模や業種の組織と競合することが考えられます。

図4-1-9　「みらい製作所」のSWOT分析図

	プラス要因	マイナス要因
内部環境	**Strength（強み）** ■ 高い技術力と信頼 ■ 創業79年の伝統 ■ 快適な工場や作業服 ■ 社内マイスター制度で技術継承 ■ 他業種に比べ離職率低い	**Weakness（弱み）** ■ 認知度が低い ■ 大学生への人気度が低い ■ 給与／福利厚生は大企業に及ばない ■ 熟練技術者の高齢化
外部環境	**Opportunity（機会）** ■ ものづくり業界の需要は上昇 ■ 「製造業」は高校生人気トップ ■ ワークライフバランスを重視する若者	**Threat（脅威）** ■ 生産年齢人口の減少 ■ 売り手市場のため優秀な人材は取り合いに ■ 大企業／他業種／近隣町工場と採用面で競合

出所：筆者作成。

以上のように、SWOT分析によって採用市場における「みらい製作所」の「強み」「弱み」、外部環境の「機会」「脅威」を洗い出すことができました。ですが、これをもとに実際の戦略を立てるには情報量が多いため、優先順位の高いものに絞り込んでいきたいと思います。

具体的には、SWOT分析の結果に以下4種類の要素を組み合わせることで、自社がとるべき戦略を多面的に考察できる「クロスSWOT分析」を行い、「みらい製作所」にとって優先度の高い戦略を把握してみましょう。

【強み（S）×機会（O）】
自社の強みを最大限に生かして、チャンス（機会）をつかむ戦略（SO戦略）

【弱み（W）×機会（O）】
自社の弱みを改善することで、着実にチャンス（機会）を狙う戦略（WO戦略）

【強み（S）×脅威（T）】
自社の強みを最大限に生かし、競合との差別化等で脅威を避ける戦略（ST戦略）

【弱み（W）×脅威（T）】
自社の弱みをふまえて無理をせず、脅威による影響を最小限に止める安全策（WT戦略）

では、「みらい製作所」がとるべき4種類の戦略をそれぞれ考えてみます。

【強み（S）×機会（O）】

SNS公式アカウントを作り、「みらい製作所」の高い技術力や快適な労働環境といった、魅力や強みを発信する施策が考えられます。満足度高く働いている現役社員にもSNSに登場してもらったり、社員インフルエンサーとしてSNSで情報発信してもらったりすることも有効でしょう。現役社員に候補者を紹介してもらう「リファラル採用」も導入したいところです。また、明るくクリーンな工場やオリジナルデザインの作業着などユニークな取り組みを各種メディアで取り上げてもらえるよう広報活動にも注力すべきでしょう。

さらに、「みらい製作所」の魅力を実際に体験してもらう機会を増やすべく、工場見学会や学生向けインターン制度も実施すると良さそうです。

【弱み（W）×機会（O）】

「みらい製作所」の認知度を少しでも上げられるよう、SNS広告やインフルエンサー活用といった認知拡大施策が考えられます。大学生に存在を認知してもらい魅力を理解してもらうためには、大学生向け説明会の開催やインターン制度の導入も有効でしょう。

【強み（S）×脅威（T）】

他社や他業種との差別化ポイントを、SNSなどで継続的に発信していく施策が考えられます。大企業との差を少しでも縮めるために、給与／福利厚生のさらなる改善も実現したいところです。生産年齢人口の減少に対しては、外国人や未経験者採用を増やし、入社後の研修を手厚く行うといった施策もあるでしょう。

【弱み（W）×脅威（T）】

熟練の社員に少しでも長く働いてもらうため、定年延長や定年制の撤

廃といった施策が考えられます。自社を退職した社員を再雇用する「アルムナイ採用」制度の導入も検討したいところです。大学生にピンポイントにアピールするため、自社の大卒社員のメディア露出を増やしたりSNSでのインフルエンサー化したりして採用活動に参加してもらうのも良いでしょう。

図4-1-10 「みらい製作所」のクロスSWOT分析

	S（強み）	W（弱み）
O（機会）	**SO戦略** ■ SNSで自社の魅力発信 ■ 現役社員によるSNS発信 ■ 広報強化でメディア露出 ■ リファラル採用 ■ 見学会/インターン制度	**WO戦略** ■ SNS広告/インフルエンサー活用などの認知拡大施策 ■ 大学生向け説明会/インターン
T（脅威）	**ST戦略** ■ 他社との差別化ポイントをSNS等で発信 ■ 給与/福利厚生のさらなる改善 ■ 外国人採用増加 ■ 研修強化し未経験者採用増加	**WT戦略** ■ 定年延長/定年制の撤廃 ■ 大卒社員のインフルエンサー化 ■ アルムナイ採用

出所：筆者作成。

　以上、クロスSWOT分析の結果、採用活動において「みらい製作所」がとるべき施策が見えてきました。挙がってきた戦略の数々を見ると、「説明会」「広告」といった従来型の施策も含まれていることがわかります。それらに加えて、SNSを活用した情報発信や、人事制度／待遇／福利厚生など社内制度や環境の改善策も組み合わせて実施していくのが良さそうです。

　とはいえ、これら全ての戦略を一気に実施するのは、費用もリソースもかかりすぎることもあり難しいでしょう。この中から優先度の高い戦略を選んで、まず実行に移すのがおすすめです。また、大きなチ

ャンスを得られる可能性が高い「SO戦略」はぜひ実施していきましょう。

　次節では、戦略に「優先順位」を付けるために、「みらい製作所」がターゲットとすべき候補者（市場）について考えていきたいと思います。

4-1のまとめ

　創業79年の町工場「みらい製作所」は人材採用、特に若手人材の採用に苦労していました。そこで、従来型の採用活動ではなく、採用活動にマーケティング手法を取り入れる「採用マーケティング」に取り組むことを決意します。

　まずは3C分析を行うことで、「みらい製作所」には長く守られてきた「高い技術力」「伝統」に加えて、現社長が新たに導入した「明るくクリーンな工場」「オリジナルデザインの作業着」「社内マイスター制度」といったユニークな魅力が色々存在することがわかりました。生産年齢人口は減少していますが、「製造業」は高校生の就職先として人気が高く、「ゼロから学べる」「チームで働ける」「ワークライフバランスを大切にできる」職場は大学生の支持を集めていることがわかっています。知名度の低さや（大企業に比べ）給与／福利厚生面はやや劣るのが「みらい製作所」の弱みですが、それ以上に強みのほうがはるかに多い印象です。

こうした同社の現状/強み/弱みに、外部視点や時間軸（現在・未来）を組み合わせてSWOT分析・クロスSWOT分析を行い、「みらい製作所」が採用活動でとるべき戦略を洗い出しました。その内容はSNS活用から社内制度改革まで多岐にわたりますが、注目すべきは、現役社員にも関わってもらう／協力してもらう施策がいくつも含まれている点でしょう。

　とはいえ「みらい製作所」は小さな会社ですから、予算も人的リソースも限られています。貴重な資産をどの戦略に注ぐべきか、「みらい製作所」が優先的に実施すべき戦略はどれかを明らかにするため、次節ではとるべき戦略の方向性を考えていきます。

4-2
...

「みらい製作所に入ってほしい若者像」の解像度を高める

progress

改めて「みらい製作所」の就職先としての現状や強み、機会や脅威を分析したことで、若者に何がアピールできるのか／どういった採用施策がとれそうかなど、色々な学びがありました。これまでもあれこれ施策を打ってきたつもりでしたが、現役社員にも協力してもらう手法など初めて知るものも多く、「できれば全部実施したい！」と胸は高まります。もちろん、どの採用戦略を優先すべきなのかを考える必要はあるのですが。

「STP分析」で
ターゲットとすべき市場と
目指すべきポジションを定める

　3C分析・SWOT分析で得た結果をもとに、次のステップとして「Segmentation（セグメンテーション：市場の細分化）」「Targeting（ターゲティング：ターゲットの絞り込み）」「Positioning（ポジショニング：自社の立ち位置選定／競合との差別化）」の3つの英単語の頭文字から名づけられた「STP分析」を行います。

　STP分析は、「みらい製作所」がターゲットとすべき市場や、目指す

べきポジションを明確にするのが目的で、その分析結果は具体的なマーケティング施策の選定に活用することができます。

「みらい製作所」にとっての「ターゲット」「ペルソナ」を定義し、候補者理解を深める

今回は、前節での分析結果をもとに「みらい製作所」が採用したい候補者層「ターゲット」と、ターゲットの中でも象徴的な候補者をモデル化した「ペルソナ」を定義していきましょう。ターゲットとペルソナを定義することで候補者への理解が深まり、候補者視点に立って、効果的な採用施策を考えるのにも役立ちます。社内にも共有することで、採用戦略の共有・意識合わせにも使えるでしょう。

まずは「ターゲット」ですが、ここまでの分析から「みらい製作所」に必要な人材（候補者）は、「ものづくりが好き・得意」で、手に職を付けたいと考えている「若年層」と考えられます。それをふまえて、以下のように定義しました。

採用における「みらい製作所」の「ターゲット」
● ものづくりに興味がある、M県在住・工業高校3年生の男性

続いて「ペルソナ」は、基本属性に加えて性格や趣味、特技、就職先に求めるものなどを定義し、具体的な候補者像をモデル化するものです。

ペルソナ作りにあたっては、高卒で入社した何人かの現役社員の履歴書とヒアリングの内容を参考にしました。ペルソナ作りのための情報収集としては、工業高校生のSNSアカウントを検索で見つけてデー

タ収集をする／就職関連イベントやセミナーで参加者アンケートをと
る／リサーチ会社などを利用して、数百名以上を対象にアンケート調
査を行うのもお勧めです。

図4-2-1 「みらい製作所」のペルソナ例

ペルソナシート

名前	佐藤　隼人	家族構成	両親・弟	ビジュアルイメージ（AIで生成）
性別	男性	居住地	M県M市	
年齢	18歳	趣味	車・釣り	
学歴	工業高校 （卒業予定）	特技	車いじり・溶接	
志望職種	製造	性格	まじめ・手先が器用・ 責任感が強い	
目標	手に職を付けて、いつかは自分の工場を持ちたい			
希望する 職場環境	・仲間と協力して仕事を進めるチームワーク重視の環境 ・先輩からの指導を受けながら技術を磨け、研修など成長の機会がある ・安全で清潔な作業環境、適切な労働時間、充実した福利厚生			
よく使う SNSと用途	Instagram：友人とのコミュニケーション・車写真の投稿 X：地元企業や町工場の採用情報やイベント情報チェック YouTube／TikTok：自動車カスタマイズや溶接関連の動画視聴			

出所：筆者作成。

　ちなみに、ターゲットやペルソナはそれぞれ1つずつとは限りませ
ん。「みらい製作所」の場合も、上に挙げた「工業高校3年生」だけで
なく「大学工学部に通う男子大学生」や「第二新卒の男女」といった
ターゲット・ペルソナも考えられます。複数のターゲット・ペルソナ
を定義する場合は、戦略や具体的施策もそれぞれにあわせて決めてい
きましょう。

　このように、採用活動において「みらい製作所」が対象とすべきター
ゲットとペルソナが決まりました。次節では、このペルソナをその
思考や行動に至るまで深く理解し、効果的かつ具体的な採用施策の選
定に進みます。

4-2のまとめ

　数ある採用戦略のうち、「みらい製作所」が優先的に実施すべき戦略はどれかを明らかにするため、同社が狙うべき「ターゲット」と「ペルソナ」を定義しました。

　ターゲットは「ものづくりに興味がある、M県在住・工業高校3年生の男性」、ペルソナは「手先が器用で、将来は自分の工場を持つ夢を持つ、M県M市在住・工業高校3年生の佐藤 隼人（さとう はやと）さん」です。

　このペルソナは、就職や趣味に関する情報収集にSNSを積極的に使っているユーザーであるため、「みらい製作所」の採用施策にはSNSを必ず含めるべきでしょう。

　なお、このフェーズでは「STP分析」を実施するのもお勧めです。採用市場において「みらい製作所」がターゲットとすべき候補者層や、「みらい製作所」が採用市場で目指すべきポジションを明確に定義することで、ぶれることのない効果的かつ一貫性のある戦略を立てることが可能です。

4-3

・・・

「入社してほしい若者」を
「入社したい若者」に変えるには

progress

あらためて、「みらい製作所」が採用したい候補者（求職者）を定義することができました。「ターゲット」だけでなく「ペルソナ」も詳細に定義できたので、候補者への理解が深まった気がします。これからは、候補者目線に立って、採用に効果的と思われる採用マーケティング施策を選ぶことができそうです。

採用マーケティング施策の種類

繰り返しになりますが、「採用マーケティング」とは採用活動にマーケティング手法を取り入れた戦略を言います。具体的には、以下のような採用施策が存在しています。

手法名	説明
求人広告	求人誌／転職サイト／就活サイトなどに求人広告を掲載
ハローワーク	厚生労働省が運営する「ハローワーク」（公共職業安定所）に求人情報を掲載
人材紹介	人材紹介サービスから候補者の紹介を受ける
合同説明会	複数の企業と求職者が1つの会場に集まり、会社説明や面談を行う

インターンシップ	一定期間、求職者に自社で就業体験をしてもらう
リファラル採用	現役社員に候補者を紹介してもらう
アルムナイ採用 （カムバック採用）	自社を退職した人を再雇用する
ダイレクト リクルーティング	求職サイトやSNS上で、企業が候補者に直接アプローチする
オウンドメディア	自社Webサイトの採用ページ／企業ブログなどの自社メディア を活用する
ソーシャル リクルーティング	SNSで情報発信／コミュニケーションし、求職者の応募を獲得 する

施策ごとにメリット／デメリットがあり、費用や難易度も異なります。また、これら採用マーケティング施策には、「求人広告」や「ハローワーク」など従来型の広報施策も含まれている点にもご注目ください。

さて、マーケティングでよくある過ちは「いきなり施策（HOW）から決める」というものです。大切なのは「まず目的から考える」こと。では、採用マーケティングを具体的にどう進めたらいいのか解説していきましょう。

採用マーケティングの
初期設計を進める

マーケティングの基本は、まず「目的」から考えることです。採用マーケティングにおいても、以下の流れで初期設計を行いましょう。

1. 目的（KGI／最終目標）を決める
2. 対象（ターゲット・ペルソナ）を決める
3. 施策（採用手法）を決める
4. 中間目標（KPI）を決める

「目的」は、「何を実現したいのか」「どんな自社課題を解決したいのか」を考えます。「対象」は、「誰に対して、マーケティングを行いたいのか」を考えるものです。

すなわち、「採用マーケティングで、誰にどうなってほしいのか／誰にどうしてほしいのか」を決めることから始めます。

「みらい製作所」が行う採用マーケティングの「目的」「対象」は、ここまでの分析により、かなり明らかになっています。

● 目的（KGI）
若年層に「みらい製作所」に入社して活躍してほしい。

● 対象
手先が器用で、将来は自分の工場を持つという夢を持つ、M県M市在住・工業高校3年生（ペルソナ：佐藤 隼人（さとう はやと）さん）。

「キャンディデイトジャーニーマップ」を作る

次に、具体的な「採用施策」を検討するため、ターゲットである候補者の認知〜入社〜紹介までのプロセスと、企業側の施策を図にまとめた「キャンディデイト（候補者）ジャーニーマップ」を作り、「みらい製作所」がとるべき施策や考慮すべき課題を洗い出します（図4-3-1）。

キャンディデイトジャーニーとは、候補者（キャンディデイト）が入社（企業が設定しているゴール）に至るまでの道のり（ジャーニー）のことで、横軸には「候補者の行動フェーズ」を設定し、縦軸には、各フェーズごとに以下のような項目を記します。

- **ユーザー行動：ユーザーが起こすと思われる具体的行動**
- **タッチポイント：ユーザーと企業の接点（接触機会）**
- **施策：企業がとる施策**

　なお、通常のマーケティングでは、顧客の購買までのプロセスと企業側の施策を図にまとめた「カスタマージャーニーマップ」を作ることで、企業がとるべき施策や考慮すべき課題を可視化します。

　さて、キャンディデイトジャーニーマップを作って検討した結果、「認知」から「内定・入社」、そして「（友人や後輩への）紹介」に至る全フェーズに対する施策として、「SNS公式アカウント運用」「社員インフルエンサー活用」が有効だと考えました。そこで、数あるSNSのうちどれを使うのが効果的かについても、多角的に検討していきましょう（図4-3-2）。

　各SNSの特長やユーザー属性、強み弱みなどを考慮して、「ペルソナが利用していそう」「自社の目的達成に適している」と思われるSNSを選びます。

図4-3-1　キャンディデイトジャーニーマップ

フェーズ	認知	興味・関心	応募	選考	内定・入社	紹介
ユーザー行動	・求人票を見る ・SNSで見かける ・高校生向け求人サイトで見つける ・就活イベントで知る	・企業ホームページ/求人サイトでリクルート情報を調べる ・公式SNSアカウントをフォローする ・SNSで検索する	・求人票を見て応募する ・求人サイトから応募する ・SNSで情報収集する	・面接に参加して社員と話す ・カジュアル面談に参加する ・職場見学会に参加する	・内定通知を受ける ・労働条件等を確認する	・友人や後輩に職場について話す ・公式アカウントの投稿用にインタビューを受ける
タッチポイント	・求人票 ・SNS (X/TikTok) ・高校生向け求人サイト ・就活イベント/説明会	・公式ホームページ ・高校生向け求人サイト ・SNS公式アカウント (X/TikTok/Instagram)	・求人票 ・高校生向け求人サイト ・SNS公式アカウント (X/TikTok/Instagram)	・面接 ・カジュアル面談 ・職場見学会	・内定通知 ・内定者面談 ・公式ホームページ ・SNS公式アカウント	・社員 ・SNS公式アカウント

主な施策

- SNS公式アカウント運用（定期的な投稿による情報発信/アクティブコミュニケーション）
- インフルエンサー活用（社員インフルエンサー）
- 高校生向け求人サイト
- 就活イベント
- 職場見学会

出所：筆者作成。

4-3 「入社してほしい若者」を「入社したい若者」に変えるには

図4-3-2 各SNSの特徴（2025年2月現在）

	LINE	YouTube	X (Twitter)	Instagram	TikTok	Facebook
国内ユーザー数	9,700万人	7,120万人	6,700万人	6,600万人	3,300万人	2,600万人
ユーザー属性	幅広い年齢層	10〜50代以上まで幅広い世代	20〜30代が過半数／平均37歳	10〜30代中心 女性が過半数	10代と20代で半数以上	30代以降の男性が多い
強み	・全国各地に圧倒的なユーザー数 ・1対1コミュニケーション ・スタンプやクーポンなどの独自機能	・豊富な情報をわかりやすく伝えられる ・縦型動画（YouTubeショート）も人気 ・YouTubeの活用 ・Google検索で表示されやすい	・カジュアルなコミュニケーション盛ん ・情報拡散力が強い ・タイムリーさ重視 ・ソーシャルリスニングやアクティブサポート	・画像／動画で訴求しやすい商材向き ・ECサイトと連携しやすい ・ストーリーズ／リールも人気 ・インフルエンサーの活用	・タイムリーさ重視 ・動画編集機能豊富 ・「おすすめ」機能で新たな潜在顧客へリーチ可能 ・10代はコミュニケーションにも利用	・多彩なコンテンツが投稿可能 ・オフィシャル＆ビジネス利用が多い ・特に中高年層に訴求 ・フォーマルな雰囲気
弱み	・無料で利用できる機能は限られる	・動画の撮影・編集にはスキルとリソースが必要	・仕様変更が頻繁に発生 ・炎上しやすい	・画像／動画の用意が必須 ・拡散力は低め	・コメント欄が荒れやすい ・30代以上の利用率は低め	・お勧め投稿頻度は1日1〜2本程度 ・若年層はあまり利用していない

出所：筆者作成。

4 BtoBの製造業（老舗の町工場）の場合

今回は以下の条件に該当するSNSとして、今回は「X」「TikTok」を候補として選びました。

- 男子高校生が利用している割合が高めである
- 「インフルエンサー活用」が有効である
- 職場の雰囲気を短尺動画で伝えやすい
- 拡散力が強いため、潜在層にも投稿を見てもらいやすい

リソースに余裕が出てくれば、さらに「Instagram」「YouTube」の活用も検討すると良いでしょう。

なお、「X」「TikTok」で実施する具体的施策としては、以下の2種類をメインとします。

- SNS公式アカウント運用（会社の雰囲気、高い技術力などを発信）
- インフルエンサー活用（活躍している若手社員に、SNS上で会社の魅力を伝えてもらう）

column

「工学系大学生」のSNS別利用率は？

「みらい製作所」の採用マーケティングにおけるペルソナとして、本文で取り上げた「高校生」だけでなく、「工学系の大学生」も設定することが望ましいでしょう。そのペルソナ定義の際に役立ちそうなデータを1つご紹介します。

それは、「東京工科大学」が2014年から毎年発表している「新入生の『コミュニケーションツール』利用実態調査」です。

例えば、2024年の「SNS利用率」ランキングは以下の通りでした。

1位：LINE（99.2%）

2位：X（80.9%）

3位：Instagram（79.6%）

4位：TikTok（46.0%）

5位：Discord（44.4%）

6位：Pinterest（21.9%）

7位：Facebook（4.7%）

　結果レポートには、2014年から現在までの推移がグラフで示されており、SNSの栄枯盛衰が確認できます。

　また、男女別の結果も公開されており、現在X・Discordはどちらかと言えば男子学生に人気、Instagram・TikTok・Pinterestは女子学生に人気があるようです。「みらい製作所」が男子学生向け・女子学生向けに情報発信する際のSNS選びに役立ちそうな情報ですね。

出所：東京工科大学プレスリリース　https://www.teu.ac.jp/press/2024.html?id=100

4-3のまとめ

　ここでは、「みらい製作所」がとるべき採用マーケティング施策を選定しました。

　まずは「採用マーケティングによって、誰にどうなってほしいのか／どうしてほしいのか」を考え、以下のような「目的」「対象」を定めました。

> 若年層に「みらい製作所」へ入社して活躍してほしい。

　そして、キャンディデイトジャーニーマップも作り検討した結果、あらゆるフェーズの候補者に対してSNS活用施策が有効なようです。そこで、今回は「男子高校生」にターゲットをしぼり、利用率が比較的高めで目的達成に適していると思われるSNS「X」「TikTok」を活用することにしました。さらに、実行する具体的施策として「SNS公式アカウント運用」「社員インフルエンサー活用」を選びました。

4-4

・・・

SNSを駆使して、「みらい製作所に入社したい若者」を増やし集める

progress

ここまでで、「みらい製作所」がぜひ採用したいターゲットである「手先が器用で、将来は自分の工場を持つ夢を持つ、M県在住の工業高校3年生」に向けて、効果的と考えられるSNSを使った採用マーケティング施策を選び出すことができました。ユーザー層や特長を考慮して、まずは「X」「TikTok」で以下の施策を実行し、目的達成を目指したいと思います。
・SNS公式アカウントの運用
・社員インフルエンサーの活用

X／TikTok公式アカウントから情報発信する

SNSマーケティング施策の基本とも言えるのが「公式アカウントの運用」です。この施策では、目的達成に向けて「ファンとの関係構築」を目指します。それを実現するために、ターゲット（ペルソナ）が喜ぶ／有意義だと感じる情報を定期的に発信したり、コミュニケーションをとったりしていきましょう。

とはいえ、具体的にはどんな情報（投稿）を発信するのが効果的な

のでしょうか？

　投稿にまず含めたいのは「企業が伝えたい要素」、つまり企業の持つ「強み・魅力」です。「みらい製作所」の場合は採用目的の公式アカウントですので、沿革や企業理念などの「企業情報」や「事業内容」「社員紹介」「待遇情報」など、ターゲットである応募者（求職者）にぜひ知ってもらいたい内容が当てはまります。

　ただし、こうした内容は応募者にとって有意義な内容ではあるのですが、これだけを淡々と発信してしまうと、企業からの一方通行になるだけでなく少々堅苦しく、面白みにかけたSNSアカウントになりかねません。

　そこで、もう1つ投稿に含めたいのが「ファンとの関係性を深める要素」です。これには「役に立つ」「参加型」などが含まれていますが、覚えやすく「やさしきタイ」としてご紹介します。

図4-4-1　企業の公式アカウントから発信すべき内容

出所：筆者作成。

　ファンとの関係性を深める要素である「やさしきタイ」ですが、詳細は次のようになります。

や：役に立つ
周囲に教えたくなる内容（豆知識・便利情報など）、ターゲット（応募者）が知りたがっている内容が含まれる。

さ：参加型である
回答しやすい選択式クイズやアンケートなどの「問い掛け」、間違い探し、パズル、迷路など、つい挑戦したくなる要素が含まれる。

し：親近感がある
キャラクターや可愛い動物の写真やイラストが使われている、「中の人」が質問に答えたり挨拶してくれたりする、普段見られない工場の舞台裏やスタッフ紹介などが含まれる。

き：共感できる
「かっこいい」「すごい」「懐かしい」「感動した」「驚いた」「知らなかった」など、ポジティブな感情を呼び起こす内容が含まれる。

タイ：タイムリーである
投稿日に合わせたテーマ（記念日、季節ネタ）や、投稿する時間帯に合わせたあいさつ、社会やSNSで話題になっているトレンドやニュースが含まれる。

　企業の公式アカウントからの投稿は、一方通行になりがちです。ファンとの関係を深められるように、「企業が伝えたい要素」に「やさしきタイ」の少なくとも1つ、できれば2つ以上の要素を組み合わせた投稿を作り、定期的に発信することがお勧めです。

ところで、「みらい製作所」公式アカウントの場合は、例えば以下に挙げるような投稿案が考えられるでしょう。

- 「先輩社員インタビュー：工業高校出身のAさんのある1日のスケジュールを紹介します」（「社員紹介」＋「役に立つ」「親近感」）

- 「本日▲月▲日は、当社の第80回目の創業記念日です」（「企業情報」＋「タイムリー」）

- 「ご存じですか？ みらい製作所が作っている部品は、皆さんの家にもあるこの商品にも使われているのです」（「事業内容」＋「共感（驚き）」）

- 「みらい製作所の作業着は選べる3タイプ！ あなたが着てみたいデザインはどれですか？」（「待遇情報」＋「役に立つ」「参加型」）

ということで、実際に「みらい製作所」X公式アカウントの投稿案を作ってみました。テーマは「みらい製作所の作業着は選べる3タイプ！ あなたが着てみたいデザインはどれですか？」です。タップだけで簡単に回答（投票）できるよう、Xの「投票機能」を使っています。誰が投票したのかは見えない仕様なので、周囲の目が気になるユーザーも気軽に回答してくれることを期待しています。

企業が伝えたい要素として「選べる作業着」（待遇情報）を含め、「やさしきタイ」のうち、「役に立つ」（就職希望者が知りたい情報）、「参加型である」（アンケート）、「共感できる」（「かっこいい」「知らなかった」）を取り入れてみました（図4-4-2）。

結果、この投稿は「みらい製作所」公式アカウントの投稿の中では、平均以上のインプレッション数（表示回数）を獲得できました。心配

4-4 SNSを駆使して、「みらい製作所に入社したい若者」を増やし集める

図4-4-2 X公式アカウント投稿例1と構成要素

出所：筆者作成。

だったアンケート（投票）への回答数は、フォロワー数の1割程度と予想以上に多く集めることができています。仮説ですが、作業着単体ではなく社員が着用している姿の画像を使っていたら、もう少し関心を集めることができたかもしれません。

公式アカウントのフォロワー数を引き続き増やすとともに、この投稿のように「一方的ではなく、ファンとの関係を深められる双方向型の投稿」を継続することが大切なのは間違いないでしょう。

公式アカウント運用を継続するための「コンテンツカレンダー」

SNS公式アカウント運用は即効性があるものではないため、コツコツと継続することが大切です。しかし、企業のSNS運用担当者は本業を別に持ちながら兼務しているケースが多く多忙なため、結果的にSNSアカウント運用は後回しになりがちです。

忙しい担当者が継続的なSNS投稿を維持するためによく使われているのが、「コンテンツカレンダー」です。一般的には、ExcelやGoogleスプレッドシートなどを使って1ヶ月分または2週間分ほどのカレンダー形式の表を作り、投稿予定日時・投稿原稿案・投稿画像案などを1行1投稿ずつ入力していきます。

お勧めは、まっさらなコンテンツカレンダーを作ったら、まず「必ずSNS投稿する日」と「SNS投稿を避ける日」から入力するという方法です。「必ずSNS投稿する日」とは、創立記念日やメディア掲載日、求人票解禁日など、タイムリーに情報発信するのが望ましい日を指します。次に「SNS投稿を避ける日」とは、「炎上危険日」として注意すべき日のことです。

1年間の中には、過去に大きな災害等が発生して大きな被害が出た日、多くの人々が悲しい記憶を呼び起こされる日というものが存在します。例えば、1/17（阪神淡路大震災）、3/11（東日本大震災）、8/6（広島に原爆投下）、8/9（長崎に原爆投下）、8/15（終戦記念日）などが「炎上危険日」の代表例です。こうした日であることをうっかり忘れて普段通りの投稿をしてしまうと、「不謹慎だ」「無神経だ」と批判され炎上する恐れがありますので、忘れないようにコンテンツカレンダーに入力しておきましょう。

図4-4-3　「コンテンツカレンダー」の例

日	曜日	時刻	ターゲット	投稿テーマ	投稿形式	投稿原稿（案）	文字数	投稿画像（案）	備考（狙いなど）
1	火	7:00	潜在求職者 顕在求職者	創立記念日	動画	おはようございます！今日は「みらい製作所」の80回目の創立記念日なんです🎉全国のお客様から技術力と信頼を評価いただき、今日を迎えることができました🙌これからもよろしくお願いします✨	94		
2	水	20:00	顕在求職者	クイズ	1枚画像	＼みらい製作所クイズ／当社で作っている部品は、みなさんの家にもある家電にも使われているんです✨その家電とはA・Bどちらでしょうか？コメントで回答お待ちしています😊	83		
3	木			●●の日			0		

出所：筆者作成。

Point!

「コンテンツカレンダー」が一般的によく使われている名称ですが、他にも「投稿カレンダー」「SNSカレンダー」「投稿スケジュール表」「エディトリアルカレンダー」などが同じ意味で使われるケースもあります。ただし、呼び名が変わっても、目的や体裁はほぼ同じものと考えて問題ありません。

　他にも、継続的な公式アカウント運用には「アカウントの運用体制／運用ルール」を決めておくこともお勧めです。

社員インフルエンサー活用で
若年層の「興味関心向上」を図る

　ある調査結果によれば、若年層（Z世代）がSNSで情報収集する際に参考にしているコンテンツは、「インフルエンサーの投稿」が33.5％と最も参考にされているそうです。

第1位：インフルエンサーの投稿
第2位：一般の人の投稿
第3位：ブランド（企業）公式の投稿

　またその理由としては、「インフルエンサーの投稿はわかりやすいから」「そのインフルエンサーを信用しているから」などが上位を占めていたそうです。

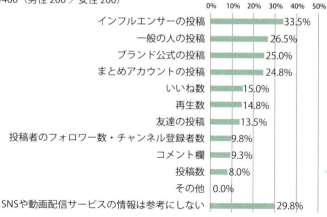

図4-4-4　Z世代が情報収集する際に参考にするもの

あなたはSNSや動画配信サービスで情報収集をする際、何を参考にしますか？（複数回答）
n=400（男性200／女性200）

項目	%
インフルエンサーの投稿	33.5%
一般の人の投稿	26.5%
ブランド公式の投稿	25.0%
まとめアカウントの投稿	24.8%
いいね数	15.0%
再生数	14.8%
友達の投稿	13.5%
投稿者のフォロワー数・チャンネル登録者数	9.8%
コメント欄	9.3%
投稿数	8.0%
その他	0.0%
SNSや動画配信サービスの情報は参考にしない	29.8%

出所：SHIBUYA109 lab.による調査（https://shibuya109lab.jp/article/220118.html）を元に筆者作成。

幸いにも、「みらい製作所」には若手の高卒社員が何人か在籍しており、そのうち1人は多くのフォロワーを抱えるインフルエンサーです。彼らに協力してもらって、「インフルエンサー活用（インフルエンサーマーケティング）」も実施していきましょう。

　一般的に「インフルエンサー活用（インフルエンサーマーケティング）」とは、PR施策をインフルエンサーに実施してもらい、そのインフルエンサーを支持するユーザーに情報を届けたり態度変容・行動変容を促したりする施策を指します。採用マーケティングで社員インフルエンサーを活用する方法としては、以下のような例が考えられます。

・社員インフルエンサーに、SNSで会社情報や事業紹介などに関する投稿をしてもらう
・社員インフルエンサーに、待遇や福利厚生に関する投稿をしてもらう
・社員インフルエンサーに、「なぜ同社を選んだか」「面接で聞かれたこと」「入社してよかったこと」「一日のスケジュール」「今後の夢」などを投稿してもらう

図4-4-5　社員インフルエンサーの活用

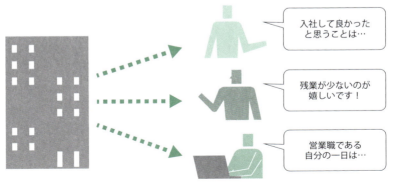

出所：筆者作成。

さて、「みらい製作所」に在籍している高卒入社・社歴5年以内の社員の中から、AさんとBさんの協力を得られることになりました。二人のSNS利用状況は以下の通りです。

Aさん：プライベートなSNSアカウントはあまり活発には利用しておらず、見る専門

Bさん：プライベートなSNSでも積極的に情報発信しており、フォロワー数1万人以上

今回、AさんとBさんには「みらい製作所」の公式アカウントから発信する「社員インタビュー」投稿の画像や動画に登場してもらうことにしました。

さらに、Bさんには「みらい製作所公認 社員インフルエンサー」として、Bさん個人のSNSアカウントからも「会社の雰囲気」「仕事のやりがい」「職場環境（工場内・作業着など）」などについて情報発信してもらうよう依頼しました。

実際に、Aさんに協力してもらった投稿を紹介しましょう。「先輩社員インタビュー：工業高校OBのある1日」として、工業高校出身・入社3年目の社員のインタビューを文章とショート動画で紹介するという内容です。

ターゲット層に親近感を感じてもらいやすい若手社員の1日を紹介することで、町工場での仕事への興味喚起を狙います。この社員はXとTikTokに個人アカウントを持っているので、本人の許可を得てそれらへのリンクも掲載しました。「みらい製作所」公式アカウントだけでなく、この社員のアカウントでも情報発信やコミュニケーションを実施していくというわけです。

なお、個人情報保護の観点から社員の名前はイニシャル表記とし、

> 図：4-4-6　X公式アカウント投稿例2と構成要素

みらい製作所公式
@mirai_seisakusho

／
みらい製作所・先輩社員インタビュー
＼

工業高校出身・入社3年目のS.Sさんに、ものづくりや「みらい製作所」の魅力について聞きました🎤
来春に高校卒業するみなさん、明るい職場で手に職付けませんか😊

🤖S.SさんのSNSアカウントはこちら🤖
X 👉 @▓▓▓_
TikTok 👉 tiktok.com/@▓▓▓

企業が伝えたい要素

企業情報
（沿革・企業理念）

事業内容

社員紹介
（経営陣・メンバー）

待遇情報
（給与体系・福利厚生）

×

ファンとの関係性を深める要素

役に立つ

参加型である

親近感がある

共感できる

タイムリー

出所：筆者作成。

本人の希望で顔の一部をマスクで隠しました。また、「やさしきタイ（ファンとの関係を深める要素）」のうち、「役に立つ」（就職希望者が知りたい情報）、「親近感がある」（年の近い若手社員へのインタビュー）、「共感できる」（「楽しそうだ」「知らなかった」）を取り入れてみました。

　以上、若手社員に登場してもらった甲斐があり、この投稿も平均以上のインプレッション数を獲得しました。ターゲット層に親近感を感じてもらえただけでなく、Ａさんが自分のアカウントでこの投稿をリポストしてくれたことも奏功したようです。Ａさんによれば、「この投稿がきっかけで、自分のアカウントのフォロワーも増えました！」とのことでした。

　特に若年層にとっては、公式アカウント以上に社員アカウントの信頼感と影響力は大きい可能性があります。Ａさんはじめ採用活動に協力してくれる社員への感謝と評価を忘れずに、今後も同様の投稿を継続したいものです。

リスクマネジメントで会社と社員を守る

　最後に、社員インフルエンサー活用を実施する上で注意すべき点をいくつか挙げておきます。

・社員の個人情報を公開することのリスク

　そもそも、社員の顔写真や名前をSNSなどに掲載する際には、事前に本人から掲載の許諾を得ておくことが必要です。トラブル防止のためにも、個人情報保護については事前に文書で同意をとっておきまし

ょう。「どんな目的で（今回は『採用』）」「どの媒体に」「どのような形で」「いつからいつまで」掲載するのかを明確にし、「当該社員が退職した際の掲載情報取り扱い」や「肖像権」についても触れておくのがお勧めです。

　昨今では、ネットストーカー等の被害から社員を守るために、社員の本名（フルネーム）や顔を公開しない企業も増えてきています。社員の希望もよく聞いたうえで、必要であれば名前は「仮名」や「イニシャル」にしたり、写真は後ろ姿にしたり、顔写真に一部加工を入れたりといった対策をとることも検討しましょう。

・社員インフルエンサー自身が炎上してしまうリスク

　社員インフルエンサーの「過去の言動」「ネガティブなニュースや疑惑」などが原因で炎上が発生し、会社が二次被害を受けてしまうことがあります。Aさん／Bさんに炎上の火種になりそうな過去の投稿や写真などがないかどうかを、本人のSNS、匿名掲示板やネットニュースなどを可能な限り過去にさかのぼって確認することが大切です。

・社員インフルエンサーがステルスマーケティング（ステマ）をしてしまうリスク

　「ステルスマーケティング」（広告・宣伝であることを隠して行われる広告宣伝活動）は景品表示法の違反行為にあたりますが、社員がSNS投稿を行う際にも注意が必要です。

　例えば、Bさんが「みらい製作所」の社員であることを隠した状態で「みらい製作所って会社　高校の先輩が働いてるんだけど、給料もいいしすごく働きやすいらしいわ」といったSNS投稿を行った場合、「なりすまし型」のステルスマーケティングに該当する可能性があります。

対策としては、BさんのSNSアカウント名を「B（みらい製作所勤務）」のように変えたり、プロフィールの自己紹介文に「みらい製作所に入社して5年目です」と記載したりして、同社の社員であることを明確に表示してもらうのが安全でしょう。

図4-4-7　社員インフルエンサーのプロフィール例

出所：筆者作成。

社員インフルエンサー
Aさん＆Bさんの活躍

　「みらい製作所」公式アカウントからの投稿は週3回、うち毎週金曜日を「若手社員に聞く！」シリーズ投稿の日としました。AさんまたはBさんが広報担当者からインタビューを受けてもらう姿を動画と写真に撮り、1分程度の縦型動画にしてXとTikTokに投稿を続けています。

またBさんには、週1回昼休みの時間を使って、自分のSNSアカウント投稿用の画像／動画撮影と投稿案作成を実施してもらうよう依頼しました。本来であれば、こうした時間も「業務」扱いにして特別手当等を出してもらうのがベストだと思いますが、当面は週1回「広報担当者によるヘルプ」と「会社からのランチ（お弁当）提供」を受けながら、社員インフルエンサー活動を続けてくれています。

　さらにBさんは、短い時間ですがTikTokライブ配信も実施してくれています。「何か質問はありますか？」と視聴者に尋ねると、「休みはとりやすいか」「寮や社宅はあるのか」「女性社員はどのくらいいるのか」などの質問がコメントで寄せられました。すぐそばに控えている人事担当者からのサポートも受けながら、Bさんは質問に対して的確に答えることができています。

図4-4-8　社員インフルエンサー（Bさん）のライブ配信の様子

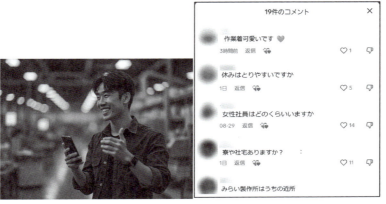

出所：筆者作成。

　今後は、インスタライブやYouTubeライブにも挑戦してもらい、より広いターゲット層に情報を届けつつコミュニケーションをとっていきたいものです。

column
社内からのライブ配信で注意すべき点

　社内からSNSライブ配信を行う場合には、以下のトラブルに注意が必要です。

● 個人情報の流出

　社員や取引先などが映り込む可能性がある場合、事前に許可を得っておくことが必要です。許可がない場合は、ライブ配信場所を慎重に選ぶなどの映り込み防止策を講じましょう。なお、ライブ配信ではなく録画した動画をSNS投稿する際は、映りこんだ人が特定されないようトリミングしたりモザイク加工したりする方法もあります。

● 機密情報の流出

　「壁に貼られた資料」「ホワイトボード」「PCの画面」「机上の書類」などが映りこんだ結果、機密情報が流出しないように十分気をつけましょう。鏡や窓ガラス、電源の入っていないディスプレイなどに文字が反射して、気づかないうちに映りこんでしまったケースもあります。

　また、音声による機密情報流出にも注意してください。ライブ配信中に、機密情報を含む話し声や社内放送などをマイクが拾わないよう、十分な対策が必要です。

● 著作権の侵害

　ライブ配信中にBGMや画像、動画などを使う場合は、著作権侵害にあたらないか事前に確認してください。

　その他にも、「社内で事前承認を得る」「関係部門（または全社）に事前共有する」「シナリオを作っておく」「事前に練習・リハーサルす

る」などの事前対策をとることによって、トラブルを防ぎつつ効果的かつ安全なライブ配信が可能になります。

「みらい製作所」SNSアカウントに集まる 若者の熱視線

　AさんとBさんにはオリジナルデザインの作業着を着用して動画に出演してもらっているのですが、町工場のイメージを覆す明るくファッショナブルなデザインが若年層フォロワーからも好評です。また、明るくクリーンな工場や、真新しい社員専用カフェテリアといった職場環境も、製造業の「3K」イメージを払拭してくれる効果があるようです。

　AさんBさんが自分自身の言葉で「なぜ、みらい製作所を志望したのか」「面接ではどんなことを聞かれ、どう答えたのか」「一番やりがいを感じるのはどんな時か」「会社の雰囲気／先輩社員との関係はどのような感じか」などを語った動画は、若者の共感を集めたのか大きな反響がありました。「AさんBさんに聞いてみたいことを募集します」というアンケートをとったところ多くの質問が集まったので、この若手社員インタビュー企画はまだまだ続きそうです。

　この反響を受けて、今年実施する同社の「職場見学会」にはAさんやBさんも先輩社員として同席してもらい、高校生とのコミュニケーションをとってもらう企画を検討中です。

4-4のまとめ

　「みらい製作所」は「手先が器用で、将来は自分の工場を持つ夢を持つ、M県在住の工業高校3年生」の採用を目指し、XとTikTok活用施策として「SNS公式アカウント運用」「インフルエンサー活用」をスタートさせました。

　公式アカウント運用で大切な「ファンとの関係構築」を実現するため、投稿内容には「会社が伝えたい要素」と「ファンとの関係性を深める要素（やさしきタイ）」を含めることを徹底。さらに、SNS投稿を継続するために「コンテンツカレンダー」も導入することにしています。

　ターゲット層への好影響を狙って、高卒の若手社員2名を「社員インフルエンサー」として起用。公式アカウントの投稿に登場したり自分のアカウントから情報発信したりして、「親近感」を感じさせつつ「みらい製作所」の魅力発信に協力してもらっています。魅力的な待遇や仕事のやりがいなど、高校生と年齢が近い若手社員が自分自身のことばで語ってくれたことで共感をより、高校生からの問合せ・説明会参加・応募が増えてきました。

　入社してくれた若手社員が1日も早く熟練の技術者となれるよう、社内の研修体制をさらに充実させ、また仕事を楽しんでくれるように環境や福利厚生なども今以上に整える。そして、ひとりひとりが長く活躍してくれる会社を目指していきます。

Chapter **5**

各部門が運用する非公式アカウントが乱立している
家電メーカー（大企業）の場合

CASE

社員数約2,000人の上場企業「ベンテンダー株式会社」では、既にSNS
アカウントの活用が進んでいる…のだが、各部署による「非公式アカウ
ント」が乱立してしまっている状況だ。これらを効果的に取りまとめ、
企業として有益なSNSマーケティングを実行することは可能なのか？

introduction

　「美をまもる・健康をまもる」のキャッチフレーズでおなじみの「ベンテンダー株式会社」に、マーケティング職で中途入社して約3ヶ月になります。当社は1983年創業の上場企業で社員数は約2,000人。家庭向けと企業向けに、以下のような電化製品を製造・販売しているメーカーです。

- 健康家電（マッサージチェア・低周波治療器など）
- 美容家電（ドライヤー・美顔器など）
- 調理家電（低温調理器・ノンフライヤーなど）

　入社して初めての大仕事として「社内のSNSアカウントのとりまとめ」を担当することになりました。といっても、「公式SNSアカウントを一から立ち上げる」というわけではありません。当社のSNSアカウントはすでに存在しており、運用も続いています。

　ある調査によると、大企業（資本金1億円以上）の半数以上（53.1％）はSNSを運用していないそうです。その点では、同じく大企業に属する当社が何年も前からSNSアカウントを運用している点は評価に値すると言えそうです。
　また、SNS運用している企業の約3割（29.3％）・大企業の約2割（20.6％）が「特に効果はなかった」と答えているそうです。この点においても、当社の場合は多かれ少なかれ効果を感じてきたからこそ、現在もSNSアカウント運用を継続していると言えるでしょう。

　では、いったい何が問題なのかというと、当社では各部署がそれぞれSNSアカウントを独自に立ち上げて自由に運用しており、いわば「非公式」アカウントが乱立している状態なのです。
　類似したアカウントやすでに休眠状態のアカウントも複数存在していますし、各アカウントの運用目的や日々の投稿内容、広告出稿状況など

も把握できていません。過去にはあるアカウントの投稿内容に問題があり、炎上してしまったこともあると聞きました。そして今現在も、各部署がそれぞれの予算でSNS広告やプレゼントキャンペーンを実施しており、統一感のない複数の広告やキャンペーン告知がSNSに流れています。

▼「自社で現在運用しているSNS」と「SNS運用による効果」

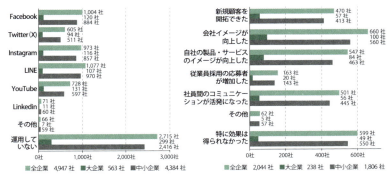

出所：株式会社東京商工リサーチ・2023年「企業のSNS運用に関するアンケート」調査
https://www.tsr-net.co.jp/data/detail/1197920_1527.html

　それ以外にも、フォロワーの増加を目的としたプレゼントキャンペーン等を繰り返してきた結果、各アカウントには数千〜10万程度のフォロワーがいますが、数が多いわりに投稿に対する反応が薄いのも気がかりです。フォロワーの多くは、懸賞目的のユーザーなのかもしれません。

　こうした様々な課題を解決するために、まずは社内全体の各SNSアカウントを見直し、本来の目的達成に適した運用体制を整える。そして、安全で効果的なSNSマーケティングを長く実行していきたいと思っています。

5-1

・・・

ベンテンダー社内に乱立する SNS公式アカウントの 現状と課題を把握する

progress

当社に対しては「早いタイミングからSNSアカウント運用を始めていた企業」「いくつものSNSアカウントを並行して運用している企業」と、ポジティブな印象を入社前は持っていました。でもまさか、ここまで非公式アカウントが乱立している状態だとは予想外で、少し驚愕しています。上司や先輩社員も情報を持ち合わせていないそうなので、社内の各部署にヒアリングを行いながら現状を理解し、どんな課題があるのか洗い出したいと思います。

社内SNSアカウントの現状 （運用状況・フォロワー数など）を一斉調査

　まずは、ベンテンダー社の部署や個人が運用していると考えられるSNSアカウントを洗い出します。名称に「ベンテンダー」を含んでいるSNSアカウントを検索してリストアップし、さらに社内の各部門にヒアリングを行った結果、少なくとも12の公式・非公式アカウントが存在していることがわかりました。

5-1　ベンテンダー社内に乱立するSNS公式アカウントの現状と課題を把握する

図5-1-1　ベンテンダー社内のSNSアカウント一覧

No	SNSの種類	所有部署	アカウント名	投稿内容	投稿頻度	フォロワー数
1	X	マーケティング本部	ベンテンダー株式会社【公式】	・イベント情報 ・採用情報 ・新商品情報	週3回	8万
2	X	美容家電本部	ベンテンドライヤー公式	・プレゼントキャンペーン ・商品情報（美容家電）	週2回	2.1万
3	X	調理家電本部	大好き！ノンフライヤー	・商品情報（調理家電） ・レシピ ・プレゼントキャンペーン	週2回	1.4万
4	X	不明	ベンテンダー法人営業のひとりごと	・営業担当者の日々のつぶやき	（休眠状態）	3456
5	X	美容家電本部	2023年ベンテンダーお年玉キャンペーン	・プレゼントキャンペーン	（運用停止）	7万
6	Facebook	マーケティング本部	ベンテンダー株式会社【公式】	・イベント情報 ・IR情報 ・新商品情報	週3回	10万
7	Facebook	人事本部	ベンテンダー【採用】	・会社紹介 ・部署紹介 ・社員/内定者インタビュー	週1回	900
8	Facebook	健康家電本部	お達者ベンテン倶楽部	・商品情報（健康家電） ・イベント（体験会）情報	週1回	8万
9	Instagram	美容家電本部	ベンテンダー・ビューティ	・商品情報（美容家電）	2～3か月に1回	4万
10	Instagram	調理家電本部	ベンテンダー・クッキング	・商品情報（調理家電） ・レシピ	月1回	6万
11	Instagram	人事本部	ベンテンダー【採用】	・会社紹介 ・部署紹介 ・社員/内定者インタビュー	週1回	1.1万
12	YouTube	マーケティング本部	ベンテンダー株式会社【公式】	・製品紹介動画 ・WebCM	月1回	1080

出所：筆者作成。

5　家電メーカー（大企業）の場合

　図5-1-1を見てください。このうち、マーケティング本部が「公式」として管理・運用しているSNSアカウントは「1」「6」「12」のみで、それ以外は各部署がそれぞれ独自にアカウントを立ち上げ運用していることがわかりました。

　各アカウントの管理部門は以下のとおりです。

> マーケティング本部：1・6・12
> 美容家電本部：2・5・9
> 調理家電本部：3・10
> 人事本部：7・11
> 健康家電本部：8
> 不明：4

また、各SNSにおけるアカウントの状況は以下のとおりです。

【X】のアカウント状況

1：マーケティング本部が管理。公式らしく、会社情報／イベント情報から採用情報／新商品情報まで幅広く発信。

2：美容家電本部が商品宣伝に利用。フォロワー増加を目的としたプレゼントキャンペーンも頻繁に実施。

3：調理家電本部が商品宣伝に利用。フォロワー増加を目的としたプレゼントキャンペーンも頻繁に実施。

4：半年以上投稿がストップしており休眠状態。社員個人のアカウントなのか、それとも法人営業部のアカウントなのかは今も不明。

5：2023年1月に美容家電本部が実施したプレゼントキャンペーン専用のアカウント。キャンペーン終了後は運用停止状態。

【Facebook】のアカウント状況

6：マーケティング本部が管理する公式ページ。イベント情報や新商品情報に加えて、会社情報やIR情報も発信。

7：人事本部が運用するFacebookページ。新卒／キャリア採用を目的とした情報を発信。

8：健康家電本部がシニア層をターゲットに、商品情報や体験会情報を投稿しているFacebookページ。

【Instagram】のアカウント状況

9：美容家電本部が運用、「商品の宣伝」をメインに実施。

10：調理家電本部が運用、「商品の宣伝」をメインに実施。

11：人事本部が新卒／キャリア採用を目的として運用しているアカウント。Facebookの7番と同内容を発信。

【YouTube】のアカウント状況

> 12：マーケティング本部が「ベンテンダー公式YouTubeチャンネル」として運用。現在はありとあらゆる動画の保管庫的な使い方をしており、各製品の紹介動画やWebCM、法人向け製品の操作マニュアル動画などが雑多に並んでいる状況。

なお、各アカウントの投稿頻度は「週3回」から「2～3ヶ月に1回」と幅があり、上述したように「休眠状態」「運用停止状態」のものも存在しています。

また、各アカウントのフォロワー数（YouTubeは「チャンネル登録者数」）については、図5-1-1の7番（Facebook・ベンテンダー【採用】）と12番（YouTube・ベンテンダー株式会社【公式】）がともに1000前後と少な目ですが、それ以外は数千～10万ほどのフォロワー数を集めています。

アカウント数とフォロワー数を見る限りでは、特定のSNSに偏ることなくアカウントがバランスよく作成されており、合計フォロワー数も順調に伸びているように感じられます。

図5-1-2　ベンテンダー社のSNSアカウント数とフォロワー数

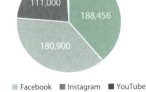

出所：筆者作成。

中でも、8万〜10万ほどのフォロワーを持つアカウントに至っては「何の問題もなく順調に運用されている」ように見えますが、これらも課題を抱えています。詳しくは後述しますが、「プレゼントキャンペーン目的」であって「ベンテンダーのファン」ではない等、質に問題があるフォロワーが多く含まれている可能性があるようなのです。

　さらに、客観的な視点で現状を把握し課題を見つけるため、ベンテンダー社のSNSアカウントを競合他社数社のSNSアカウントと比較してみました。

　X公式アカウント／Facebookページともに、ベンテンダー社の「フォロワー数」は他社に見劣りしません。ただし、「反応数」（投稿に付けられた「いいね」「返信」「シェア（リポスト）」などの回数）÷「フォロワー数」で算出できる「平均反応率」は、競合他社の平均値を下回っていることがわかります。

　原因としては「一方的で宣伝色の強い情報発信が多く、フォロワーに響いていない可能性」や「プレゼントキャンペーンで集まった多数のフォロワーは懸賞にしか興味がない可能性」などが考えられます。

図5-1-3　ベンテンダー社と競合他社のSNSアカウント比較

X

No	所有企業	アカウント名	フォロワー数	平均反応数	平均反応率
1	ベンテンダー株式会社	ベンテンダー株式会社【公式】	8万	50	0.063%
2	Y株式会社	Y株式会社【公式】	16.7万	150	0.090%
3	株式会社S	S（エス）	15万	200	0.133%
4	T株式会社	T【公式】	6.4万	40	0.063%
5	D Japan	D Japan	4.2万	500	1.190%

Facebook

No	所有企業	アカウント名	フォロワー数	平均反応数	平均反応率
1	ベンテンダー株式会社	ベンテンダー株式会社【公式】	10万	15	0.015%
2	D Japan	D Japan	290万	200	0.007%
3	P株式会社	P【公式】	7万	30	0.043%
4	Y株式会社	Y株式会社【公式】	8,000	50	0.625%
5	T株式会社	T【公式】	500	5	1.000%

出所：筆者作成。

乱立した公式アカウントが
抱えている課題とは

　マーケティング本部および各部門からのヒアリングを何度か繰り返した結果、いくつかの課題が浮き上がってきました。それらをまとめると、以下の3種類（A／B／C）に分類することができそうです。

（A）基礎設計の不備
　　－アカウントの目的や目標が不明
　　－「BtoB商品」を扱っているアカウントがない
　　－似たようなSNSアカウントが併存している

（B）社内体制の不備
　　－社内向けSNS運用ガイドラインが存在しない
　　－投稿／広告の情報が社内に共有されていない
　　－「1人担当者」が多いため、投稿の炎上リスクがある

（C）SNS運用の知識不足
　　－宣伝色が強く、一方的な情報発信の傾向が強い
　　－全体的に投稿頻度が低め
　　－懸賞目的のフォロワーが多い

図5-1-4　社内SNSアカウントの課題

（A）基礎設計の不備	（B）社内体制の不備	（C）SNS運用の知識不足
■ アカウントの目的や目標が不明	■ 社内向けガイドラインがない	■ 宣伝色が強く、一方的な情報発信
■「BtoB商品」を扱っているアカウントがない	■ 投稿／広告の情報が社内に共有されていない	■ 投稿頻度が低め
■ 似たアカウントが併存	■「1人担当者」が多いため炎上リスクがある	■ 懸賞目的のフォロワーが多い

出所：筆者作成。

ここで、社内ヒアリング時に「マーケティング本部」および他部門から実際に挙がった声を挙げておきます。上述した3つの課題を解決することで、いずれの悩みも解消されることでしょう。

【マーケティング本部の声】

- 目的がよくわからないアカウントや、休眠状態のアカウントなどが野放し状態になっており、ブランドイメージ毀損が心配：(A)(B)
- アカウントによっては、投稿内容に誤字脱字が散見されたり過激な表現があったりして、炎上のリスクがある：(B)(C)
- 各アカウントから出されるSNS広告の内容や出稿時期などの情報が共有されておらず、複数のアカウントが出稿しているSNS広告が同時に流れてくることがある：(B)
- どのアカウントも、「商品宣伝」と「イベント集客」が中心。フォロワー数が多いわりには反応が薄い：(C)
- マーケティング本部が運用している「公式アカウント」に対する、社内各部署からの投稿リクエストは「イベント集客」「プレゼントキャンペーン案内」が大多数：(C)
- 「BtoC商品」と「採用」関連のSNSアカウントばかりで、当社の「BtoB商品（法人向け）」関連のSNSアカウントが存在しない：(A)

【社内各部門の声】

- 上司から「とりあえずSNSアカウントを作れ」と指示され、見よう見まねで作ったが、これで正しいのかわからないまま今日に至っている：(A)(C)
- 本業をこなしながらSNSアカウントを運用しているのでなかなか手が回らず、投稿頻度が上がらない：(B)(C)
- 広告やプレゼントキャンペーンを繰り返してきた結果、フォロワー

数はそこそこ伸びたが、イベント集客や商品売上増加につながっているのかわからない：(C)

- 基本的に担当者ひとりで投稿内容を考えているため、炎上が心配（実際、過去に軽く炎上したことも）：(B)
- 同じ会社なのだから、自分たちのアカウントの投稿を他部署のアカウントにもシェア・リポストしてもらいたい：(B)

5-1のまとめ

　誰もが知る大企業「ベンテンダー株式会社」は比較的早い時期からSNSに注目し、マーケティングに活用しようと試行錯誤を続けてきた電化製品メーカーです。同社のSNSアカウントは少なくとも12個存在し、その合計フォロワー数は約50万。これらの数字だけに注目すれば、同社がうまくSNS活用しているように見えるかもしれません。

　しかし実際は、公式・非公式アカウントが合計12も乱立しており、しかもまったく管理されていない状況であることが判明しました。競合他社アカウントとの比較や、各部門へのヒアリングを通して現状把握したところ、いろいろな課題が見えてきています。それらは「基礎設計の不備」「社内体制の不備」「SNS運用の知識不足」の大きく3つに分類することができそうです。

　課題解決のためにも、次節ではまず「そもそも何を達成するためにSNSを活用するのか」という基本に立ち戻り、ベンテンダー株式会社のSNSマーケティングを再設計していきます。

5-2
...

公式アカウントが抱える
課題解決に向けて、
SNSマーケティングを再設計する

progress

SNS上での検索と社内ヒアリングを行った結果、予想を超える数のSNSアカウントが乱立状態であることを改めて認識しました。さらに、競合他社アカウントと当社内アカウントとの比較や、マーケティング本部および他部署が感じている悩みや懸念のヒアリングにより、現在当社がSNS活用において抱えている課題を洗い出すことができたと感じています。大きく分けて3種類ある課題を解決すべく、当社のSNSマーケティングを再設計していきたいと思います。

SNS公式アカウントの
目的と対象を再定義する

ベンテンダー株式会社のSNSマーケティングの目的（KGI：Key Goal Indicator）を決めるにあたり、乱立しているSNSアカウントがそもそも作られた目的と対象について押さえておきましょう。何を実現するために、どんな課題を解決するために、SNSアカウントをつくり運用しているのか。SNSアカウントを運用中の各部署へのヒアリングの結果、共通した「目的」「対象」がいくつか存在することがわかりました。

【各部署に共通していた「SNSアカウント運用」の目的と対象】

対象：潜在層
目的：ベンテンダー株式会社の認知拡大

対象：顕在層
目的：
- ベンテンダー社商品（BtoC）の宣伝
- イベント（体験会／採用説明会等）の集客
- ホームページへの誘導
- メディア掲載情報の宣伝

これらをファネル（顧客の購買行動モデル）に並べて配置してみると、かなり偏りがあることがわかります。すなわち、ほとんどのアカウントは「顕在層」に向けた目的で作成され、顕在層向けに運用されてきたと考えられるのです。逆に、「潜在層」「顧客」「優良顧客」を対象としているSNSアカウントはほとんどない、または施策が手薄であると言わざるを得ません。

図5-2-1　社内SNSアカウントの目的と対象（現在）

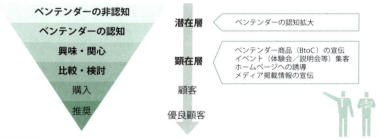

出所：筆者作成。

そこで、潜在層から優良顧客までを広く対象としつつ、施策は現在

の「一方的な情報発信中心」から「コミュニケーション中心」へと切り替えたいところです。

　さて、マーケティング本部で検討を重ねた結果、ベンテンダー株式会社のSNSアカウントの最終目的を「SNSをコミュニケーションの場としても活用し、顧客との良好な関係を深める」に決定しました。
　幅広い層にアプローチしてコミュニケーションもとることで、潜在層をファンに、ファンを顧客に、顧客を優良顧客へと引き上げていきましょう。これまでは対象外だった各フェーズの顧客を対象とした目的も追加しています。

【全社で共有する「SNSアカウント運用」の目的と対象】

対象：潜在層
目的：
- ベンテンダー株式会社の認知拡大
- ベンテンダー株式会社への興味促進

対象：顕在層
目的：
- ベンテンダー社商品（BtoC）の宣伝
- イベント（体験会／採用説明会等）の集客
- ホームページへの誘導
- メディア掲載情報の宣伝
- 他ブランドとの比較

対象：顧客／優良顧客
目的：
- 商品への満足度向上

- 商品の継続購入の促進
- 商品の推奨促進

図5-2-2　社内SNSアカウントの目的と対象（今後）

出所：筆者作成。

SNSの目的と対象に向けてとるべき施策を定義する（カスタマージャーニーマップ）

　ベンテンダー社内共通の「SNSマーケティングの目的と対象」がざっくりと定義できたので、カスタマージャーニーマップを作っておきます。顧客の各フェーズごとに、会社として、または各部門としてとるべき施策や考慮すべき課題をわかりやすく可視化した資料ですので、社内の各アカウント担当と共有するのがお勧めです。

　このベンテンダー社内共通カスタマージャーニーマップで特筆すべき点は、「主な施策」として、「SNS上でのコミュニケーション」施策を新たに加えていることです。顧客のフェーズに合わせて「潜在層→顕在層→顧客」または「顧客→優良顧客」へと引き上げていくためには、SNSでの一方的な情報発信だけではなく、コミュニケーションこそが重要施策であることを社内関係者に理解してもらうことが大切です。

図5-2-3　各アカウント共通のカスタマージャーニーマップ

フェーズ	認知	興味・関心	商品理解	比較・検討	購入	推奨・ファン化
ユーザー行動	公式アカウントを発見する ・公式アカウントの投稿を見る ・公式アカウントのSNS広告を見る	公式アカウントが気になる ・公式SNSアカウントをフォローする ・SNSで検索する ・公式アカウントの投稿に反応する	どんな会社・商品なのか理解する ・公式アカウントの投稿に反応する ・会社・商品のWebページを見る ・店舗で実物を確認する	購入候補に入れる購入を検討する就職先候補とする ・購入者の口コミ（UGC）を調べる ・他社商品と比較する	購入する人材募集に応募する ・ECサイトで購入する ・店舗で購入する	継続して購入するまわりに推奨する ・感想をSNSに投稿する ・公式アカウントの投稿に反応する
主な施策	コミュニケーション（ファン化・顧客化） SNS公式アカウント運用（定期的な投稿による情報発信） 広告（認知拡大） キャンペーン（認知拡大）			コミュニケーション（優良顧客化） キャンペーン（クーポンプレゼントなど購入促進）		キャンペーン（UGC促進）

出所：筆者作成。

5-2のまとめ

ベンテンダー社内の各SNSアカウントの「目的」と「対象」を棚卸したところ、「顕在層」を対象に「商品や会社への興味促進」を目的としているアカウントがほとんどということがわかりました。しかも、その目的達成に向けた施策は、宣伝色の強い一方的な情報発信と、プレゼントキャンペーンがメインという偏った結果に。

そこでマーケティング本部が検討を重ね、ベンテンダー社内SNSアカウント共通の最終目的は「SNSをコミュニケーションの場としても活用し、顧客との良好な関係を深める」に決定し、社内で共有するカスタマージャーニーマップも完成しました。顧客を「潜在層→顕在層→顧客→優良顧客」へと引き上げていくためには、これまでのようなSNSからの情報発信だけではなく、SNS上でのコミュニケーションが重要であることを社内各部門にも理解してもらいました。

これで、社内SNSアカウントの課題のひとつ「基礎設計の不備」はクリアです。次章では残りの課題「社内体制の不備」と「SNS運用の知識不足」解決に臨みます。

5-3
...
ベンテンダー社公式 SNSアカウントの 運用方針／ルールを策定する

progress

ベンテンダー社としてのSNSアカウントの目的／対象を再設定することで、乱立する社内SNSアカウント課題の1つ「基礎設計の不備」は解消することができたように思います。そして、まだいくつか残る課題のうち、次は「社内体制の不備」と「SNS運用の知識不足」の解消を目指します。各部門に「SNS運用チーム」を作り、マーケティング本部がそれらを統括／啓発する形が良さそうです。さらに、全社共通のルールやマニュアル類も整えたいところです。

各部門の 「SNS運用体制」を見直す

　ベンテンダー社内の「公式アカウントの課題」の1つが「社内体制の不備」です。現状を確認したところ、半数以上の部署が「SNS担当者は1人」としていたことがわかりました。理由としては「人手不足」「1人で十分だと思っていた」などがあるようです。

　実際のところ「1人でのSNS担当」には以下のようなリスクがあるため、社内各部門には「最低2名以上」の運用メンバーをアサインするように依頼しました。

① オーバーワークになりがち

SNS運用には多岐にわたる業務が含まれるため、全てを1人で担うと業務量過多になります。また、自分が休むと代わりがいないことから体調不良でも休まない・土日夜間も対応する担当者も珍しくありません。

② 担当者が不在になるとSNS運用がストップする

担当者が休暇・休職・異動・退職などで不在になると、SNS投稿やコメント対応等が完全に停止してしまう可能性があります。緊急時のトラブル対応も遅れがちです。

③ 社内にノウハウ・知見が蓄積されない

SNS運用が1人の担当者に依存している場合、引継ぎ資料なども作られないため、その人が持つノウハウや知見が社内に共有されにくくなります。属人化が進むことで、担当者が離職した際に運用が一からやり直しになるリスクがあります。

④ 炎上リスクがある

1人で運用している場合、SNS投稿案のチェック体制が不十分になりがちです。また、炎上が発生した際の対応も迅速に行えない可能性があります。

そこで各部門に依頼したのは、以下運用メンバー（合計2〜3名）のアサインです。

● **メイン担当者　※必須**
　主な作業例：
　・SNS投稿の企画・クオリティ管理

- ユーザーからのコメント対応
- 効果検証と社内報告 など

● **サブ担当者　※必須**

主な作業例：
- 投稿コンテンツの制作（テキスト作成・写真や動画撮影・画像や動画編集など）

● **責任者　※任意**

主な作業例：
- 投稿の最終承認
- 運用ルールの策定
- 社内調整 など

図5-3-1　運用チームのメンバー例

 メイン担当者（1〜2名・必須）

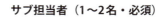 サブ担当者（1〜2名・必須）

 責任者（1名・任意）

出所：筆者作成。

　各部門のSNS運用チームの最小構成は「メイン担当者1名＋サブ担当者1名」とし、可能であればメインまたはサブ担当者を2名以上にすることも推奨することにしました。

メイン担当者とサブ担当者はSNSを使い慣れているメンバーが適任ですが、その条件を優先して人選すると社歴の短い若手ばかりのチームになりがちです。そのため、あえて「社内に顔が利く」メンバーを責任者としてチームに加え、他部門との調整や協力依頼を担ってもらうのも有効でしょう。

Point!

SNS運用チームのメンバーはSNSを使い慣れているのが理想的ですが、やむを得ずSNS初心者に担当させざるをえない場合は「まず個人でSNSアカウントを作り、3ヶ月～半年ほどは投稿せず閲覧のみに使う」ことを徹底させましょう。そのSNSの雰囲気やユーザー層、どんな投稿が人気か、どんな投稿が炎上しやすいか等を把握するとともに、SNSの基本操作に慣れることが大切です。

column

どうしても1人でSNSを担当せざるを得ない場合は

やむを得ず1人でSNS運用を担当する場合には、「作業の効率化」と「リスク対策」が特に重要です。以下にポイントをまとめました。

◆運用ルールやポリシーなどの策定と文書化

（業務フロー／運用マニュアル／トラブル発生時の対応フロー 等）
これらを文書化し遵守することで、1人でも安全かつ効率的な運用がしやすくなります。

◆校正校閲は「時間を空けて」実施

自分が作った文章の誤りを見つけるのは難しいので、以下の方法がお勧めです。

・時間を空けて確認：投稿案を作成した直後ではなく、数時間から半日程度時間を空けて校正校閲することで、誤りを発見しやすくなります。

・第三者の視点を意識：校正校閲の際は、投稿の意図が正しく伝わるかどうか客観的にチェックするよう心がけましょう。

◆生成AIの活用

「投稿の案出し」「推敲」「校正校閲」「ハッシュタグ選定」などに生成AIを取り入れることで、作業の効率化が図れます。ただし、AIが生成した内容をそのまま使用するのではなく、事実確認や著作権の確認を必ず行ってください。

◆SNS運用支援ツールの活用

「コンテンツカレンダーの管理」「投稿作成支援」「投稿予約」「ユーザーコメント対応」「効果測定（レポート作成）」などの機能を備えたツールを導入することで、作業時間が大幅に削減されます。1人担当者にかかる負担軽減と効率化が可能になるので、導入を検討しても良いでしょう。

　さて、各部門のSNS運用チームが決まったので、ベンテンダー社内全体の構成図をまとめてみました。

　マーケティング本部が「全体統括」を担当しつつ、各部門のSNS担当チームとの間で「投稿スケジュール」「ガイドライン」の共有、公式アカウント運用の相談／サポートを担当します。また、マーケティング本部が管理する公式アカウントは、株式会社▲▲を外部パートナーとしており、投稿コンテンツ作成の支援を受けています。こうした関係性を、図5-3-2のようにまとめておきましょう。

図5-3-2 ベンテンダー社内全体のSNS運用体制図

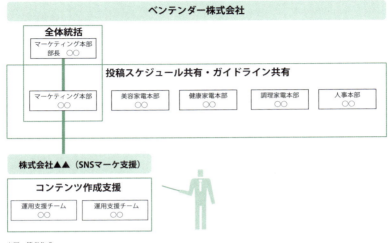

出所：筆者作成。

ベンテンダー社SNS公式アカウントの「運用マニュアル」を作る

　各部門に2名以上の「SNS運用チーム」が設置されたわけですが、各部門や個人が独自のルールでSNSアカウントを運用してしまっては、これまでと何も変わりません。そこで、ベンテンダー社内共通の「SNSアカウント運用マニュアル」を作り、各SNSアカウントの担当者／担当部門に配布します。まずは、当マニュアルの目的や対象、基本方針などをまとめていきましょう。以下は、そのサンプル文案です。

ベンテンダー株式会社　SNSアカウント運用マニュアル

【目的】

　ベンテンダー株式会社がブランドコミュニケーション活動の一環として SNS を活用するに際し、遵守すべき姿勢や行動指針を定めることで、円滑かつ一貫性のあるアカウント運用を安定的に継続していくこと、ならびに SNS を業務利用するにあたって生じるリスクの低減を目的とします。

【対象】

　ベンテンダー株式会社が運用する SNS 公式アカウントに携わる社員ならびにパートナー企業の社員

【公式アカウント運用に対する心構え】

- SNS における情報発信や対応についての自覚と責任を持つこと
- インターネットへの情報発信は、あらゆる背景や事情を持つ不特定多数のユーザーが閲覧していることを常に意識すること
- SNS におけるベンテンダー株式会社からの情報発信が、ユーザーおよび社会に対して影響を持つことを認識すること
- ネットワーク上に一度公開した情報は、完全に削除できないことを理解すること

【公式アカウントの管理について】

- 運用担当者のみが、公式アカウントを管理すること
- SNS に投稿する内容はすべて社内の承認を得たものとすること
- 公式アカウントを個人的な目的で利用しないこと
- 公式アカウント運用担当者の個人的な意見を投稿に反映しないこと

【発信するコンテンツについて】

- 人種に関連した中傷や特定の個人への侮辱、他人への誹謗中傷、猥褻な内容を含む投稿は行わないこと
- 個人のプライバシーを侵害する投稿は行わないこと
- 政治・宗教など異論が出やすい話題や、扇動的になりうる話題、他のユーザーが見て気分を害するような投稿は行わないこと

【投稿内容の正確性の確保について】

- 伝聞や推測でのコンテンツ作成は行わず、信頼できる情報源で事実確認したうえで、正確な情報を発信すること
- 判断に迷う内容や想定外の内容については、速やかに各担当へ報告し、専任の見解を得て対応すること
- 正誤の判断に迷う場合や、ユーザーに与える印象・影響を予測できない場合は投稿を避けること

【機密保持について】

- ベンテンダー株式会社、関連企業、取引先に関わるあらゆる機密情報を許可なく配信しないこと

【法令の遵守について】

- 著作権や肖像権など、第三者の権利を侵害するコンテンツは使用しないこと
- プライバシー保護を遵守し、個人情報漏洩につながる情報の発信は行わないこと
- 他社、他社製品の価値を貶めるような情報の発信や、他者の尊厳や権利を害する表現は行わないこと
- 誹謗中傷やスパムになりうるような投稿は行わないこと

【コミュニケーションについて】

- SNSにおけるベンテンダー株式会社の代表窓口として、誠実な態度でユーザーと向き合うこと
- 批判や一方的なクレームに対しても感情的な反論は控え、冷静かつ真摯に対応すること

なお、運用マニュアルには以下に挙げる内容も記載しておくと良いでしょう。

【運用体制】

社内全体のSNS運用体制図 - 関係者連絡先一覧

「関係者連絡先一覧」では、公式SNSアカウント運用にかかわる社内関係者、および外部パートナー企業社員の緊急連絡先を一覧にまとめておきましょう。以下、サンプルです。

▼ベンテンダー株式会社　SNSアカウント運用体制
　（関係者連絡先一覧）

会社名	部署	氏名	携帯電話番号	E-Mail
ベンテンダー株式会社	マーケティング本部	○○		
ベンテンダー株式会社	健康家電本部	△△		
株式会社▲▲	運用支援チーム	◇◇		
株式会社▲▲	運用支援チーム	☆☆		

全SNS共通の「公式SNSアカウント運用マニュアル」が完成したら、社内の関係者が常に最新の電子データを閲覧できる状態にしておきます。

このマニュアルは、1度作って終わりではありません。法令が変わった時や運用チームのメンバーが代わった時など、必要なタイミングで都度アップデートするとともに、常に最新状態になっているか定期的にチェックするようにしてください。

ベンテンダー社「X公式アカウント」の運用方針／ルールを定める

全SNS共通のアカウント運用マニュアルの他にも、SNSの種類別「公式アカウント運用方針／ルール」も作るのが良いでしょう。参考として、「X公式アカウントの運用方針／ルール」を載せておきます。

サンプルのような内容で大枠の「X公式アカウントの運用方針／ルール」を定めたら、「社内共通で守るべきルール」として各部門に導入／遵守してもらいます。その上で、「投稿頻度」「投稿日時」などアカウントごとに変わる部分については、各部門で変更可能としてください。

Point!

「運用マニュアル」をはじめとするドキュメント類においては、各部門が独自に変更した部分も必ず文字化して社内に共有してもらうことが大切です。

▼ベンテンダー株式会社：X公式アカウントの運用方針／ルール

【プロフィール設定】

X公式アカウントのプロフィールは、以下を参考に設定すること。

名前：ベンテンダー株式会社【公式】

※「【公式】」は名前の末尾に追加する

自己紹介：
　「美をまもる・健康をまもる」ベンテンダー株式会社の公式アカウントです。コメントやダイレクトメッセージへの返信は行っていませんが、ありがたく目を通しています。お問合せは、こちらのフォームからお願いいたします【お問合せフォームのURL】。
※コメントやダイレクトメッセージへの対応方針・問合せ受付先を明記する

場所：東京都●●●
※ベンテンダー株式会社の本社所在地を設定する

Webサイト：【URL】
※ベンテンダー株式会社Webサイトのトップページまたは美容／健康／調理家電のトップページ、またはリクルートページのURLを設定する

【プロフィールの更新について】
- 更新情報がある場合には、すみやかにプロフィールに反映させる
- ヘッダー画像およびプロフィール画像には、高解像度のファイルを使用し、頻繁に変更しない

図5-3-3　Xプロフィールのヘッダー画像とプロフィール画像

出所：筆者作成。

【X公式アカウントの運用概要】

目的：

- 双方向コミュニケーションによって親近感を醸成し、ユーザーとの良好な関係を築く
- 低頻度で「BtoB商品紹介」「企業情報」も発信し、企業理解を促進する

投稿に使う画像素材：

- 自社内で準備
- UGC（ユーザー生成コンテンツ）をリポストまたは引用ポスト

メインターゲット：

- 年齢20〜30代

  健康関心層（肩や腰のコリや痛み／眼精疲労／むくみ などの悩みを抱える）

  美容関心層（美容ガジェットやコスメ情報をSNSで収集している）

【X投稿の基本ルール】

X公式アカウントの投稿は、以下の基本ルールに則って行うものとする。

図5-3-4　X投稿の基本ルール

投稿頻度	1週間に5本（1ヶ月20本）程度の投稿を想定 その他リリース情報などがある場合には、適宜追加投稿を行う
投稿日時	基本はベンテンダー社営業日のみに投稿するが、必要に応じて営業日以外の投稿も行う 投稿時間は、12時または17時を基本とする 社会情勢等によって内容が不適切と承認者が判断した場合、当該投稿を延期または中止する場合がある
投稿ツール	SNS運用管理ツール（▲▲株式会社の◇◇）を使って投稿／投稿予約を行う ※必要に応じてX公式管理ツールも併用
言語	日本語
禁止事項	・専門用語を多用し、一般消費者が理解できない表現 ・一方的なセミナー告知や商品宣伝 ・インパクトのない画像の使用（Webサイトのキャプチャ、文字の多い画像、チラシなど） ・解像度の低い画像や動画の使用 ・著作権や肖像権を侵害している画像や動画の使用 ・明らかに撮影禁止場所とわかる画像、違法性のある画像の使用 ・個人を特定できる画像・動画の無許可使用 ・他社ブランドロゴ・企業名などの入った画像の使用

出所：筆者作成。

column

各部署が自走できるまでは

社内共通の「公式アカウント運用方針／ルール」を各部門のSNSアカウントの責任者／担当者に共有し、それに則った方法で各SNSアカウント運用をしてもらう。これが理想形ではありますが、現実はそうスムーズにはいかないことも多いものです。

「担当者が多忙すぎて目すら通さない」「担当者がSNS知識不足のため、対応できずに挫折」「担当者が内容を誤解し、誤った方法や危険な方法で進めてしまう」等の状況に陥ることを防ぎ、社内各部門が運用方針／ルールに沿って効果的かつ安全なSNSアカウント運用を自分たちで行えるまで、しばらくはマーケティング本部が伴走するのも良いでしょう。マーケティング本部が実施できる具体的サポート例を、以下に挙げておきます。

- 「コンテンツカレンダー（投稿予定表）」のテンプレートを提供し、投稿の作成方法をアドバイスする
- 各部門が作成した投稿案の校正校閲をマーケティング本部が当面実施する
- SNSアカウント運用に関する社内勉強会を開催する
- 困った時には、マーケティング本部に相談できる社内メーリングリストやグループチャットを用意する

各部門がSNSアカウントを自分たちで安全かつ効果的に運用できるよう、そしていずれはSNSマーケティングについて社内で情報共有や相談ができる対等な関係のチームメンバーに育ってもらえるよう、しばらくの間はSNSに明るい部門が社内の啓発／自走支援を担当することも検討してみてはいかがでしょうか。

ベンテンダー社
「SNS上でのコミュニケーション方針／ルール」
を定める

　5-2でも示したように、ベンテンダー社内SNSアカウント共通の最終目的は「SNSをコミュニケーションの場としても活用し、顧客との良好な関係を深める」です。

　SNSにおけるユーザーとのコミュニケーション施策は、良好な関係構築や好意形成、真のファン化などが期待できるため人気が高まっています。

　ベンテンダー社内では「美容家電本部」と「健康家電本部」から、「SNS上でユーザーとコミュニケーションをとりたい」との要望がありました。

　一方で「コミュニケーション施策」は、ユーザーとの距離感を見誤る・宣伝しすぎる・テンプレそのままの対応をするなど不適切なコミュニケーションをとってしまうと逆効果になるため注意が必要です。

　まずは、SNSコミュニケーション施策に関する基本的知識を社内関係部門に学んでもらうとともに、社内共通のSNSコミュニケーション施策の方針／ルールを定めて共有するようにしてください。

　そもそもSNSコミュニケーション施策には以下の2種類が存在します。

> ・パッシブ（受動的）コミュニケーション
> 　「ユーザーからのコメント／ダイレクトメッセージ」が起点となり、企業からユーザーに返信する形でユーザーからの質問／要望／クレーム／感想などに対応するコミュニケーション。

・アクティブ（能動的）コミュニケーション

「企業が検索によって発見したUGC（ユーザー生成コンテンツ）」が起点となり、企業がユーザー投稿に「いいね」や「返信」を付けたり引用ポストしたりすることで行うコミュニケーション。

パッシブコミュニケーションの起点は「ユーザーからのコメントやDM」、アクティブコミュニケーションの起点は「企業が検索によって発見したUGC」という違いがありますが、どちらも積極的に実施したいSNSコミュニケーション施策です。

図5-3-5　SNSコミュニケーション施策

SNSコミュニケーション施策

パッシブ（受動的）コミュニケーション

対象
- 自社アカウント投稿に対するユーザーからの返信（コメント）
- ユーザーから自社アカウント宛てダイレクトメッセージ（DM）

対応
- 返信への「いいね」や返信
- DMへの返信

アクティブ（能動的）コミュニケーション

対象
- 自社や商品に関連するUGC（ユーザー生成コンテンツ）

対応
- UGCへの「いいね」、返信、リポスト、引用ポスト

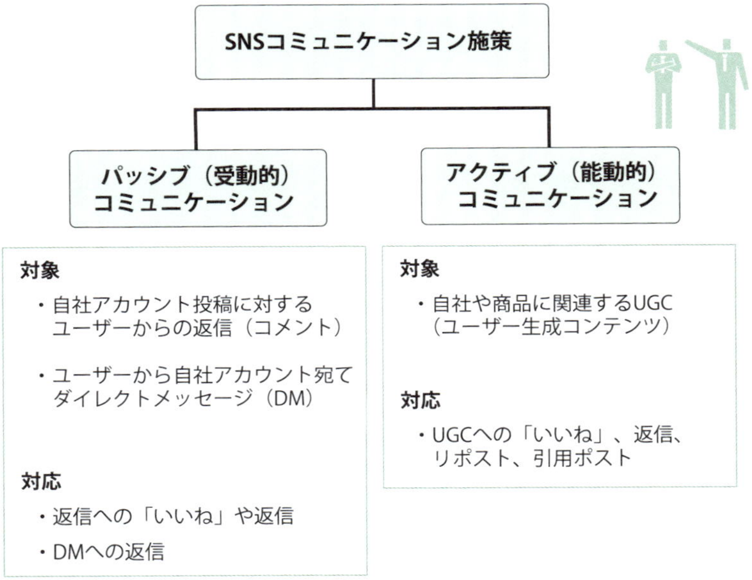

出所：筆者作成。

図5-3-6に、社内共通のパッシブコミュニケーション実施方法を業務フローの形にまとめてみました。公式アカウントの投稿に寄せられたユーザーからの返信やダイレクトメッセージに対しては、その内容

によって静観対応（返信しない）か返信対応（返信する）をとります。コミュニケーション対応が遅くならないよう、平日1日1回は返信やダイレクトメッセージの有無を確認することも大切です。

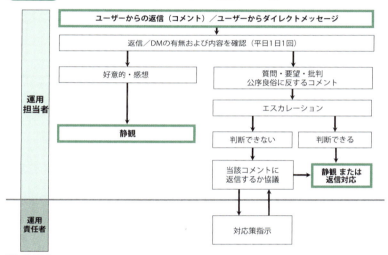

図5-3-6　パッシブコミュニケーションの業務フロー例

出所：筆者作成。

　次に、社内共通のアクティブコミュニケーションの実施方法を業務フローの形にまとめてみました（図5-3-7）。毎週水曜日／金曜日に、あらかじめリストアップしておいたキーワードやハッシュタグによる検索でUGCを見つけ出します。「コミュニケーションをとって問題ないプロフィールか」「UGCの内容は適切か」を精査し、何か問題がある場合には「静観対応」とします。

　プロフィールもUGCの内容も問題がなければ、類似問答が「想定問答集」に含まれているか否かを確認します。含まれている場合は想定問答集に沿って対応、含まれていない場合は「返信または引用ポストすべきUGCか否か」を運用責任者と協議した上で、その指示に従います。

図5-3-7　アクティブコミュニケーションの業務フロー例

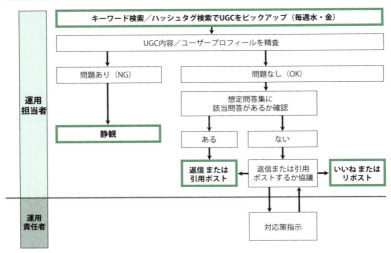

出所：筆者作成。

　ここで、「そのUGC内容／ユーザープロフィールは、アクティブコミュニケーションを実施してOKか？ NGか？」について、その判断基準例を以下にご紹介します。

　まずは、アクティブコミュニケーションNG／要検討のユーザープロフィール例です。

【アクティブコミュニケーションNGのユーザープロフィール例】
- botアカウント
- 副業紹介アカウント
- 政治色の強いアカウント／政治家のアカウント
- 宗教色の強いアカウント／宗教関連アカウント
- 出会い系・出会い目的のアカウント
- 肖像権や著作権を侵害しているアカウント

【アクティブコミュニケーションすべきか要検討のユーザープロフィール例】

- 懸賞目的のアカウント
- ギャンブルや投資系のアカウント
- 疾病系のアカウント
- 他社の公式アカウント

Point!

アクティブコミュニケーションは、見つけたユーザー全てに対して手あたり次第に行うのではなく「慎重に選び抜いたユーザーに対してのみ」実施すべきです。問題あるユーザーに対してコミュニケーションをとったことで、ユーザーのクレーマー化や炎上などのトラブルに発展してしまう危険性があるためです。

コミュニケーション対象候補となるユーザーを発見したら、そのユーザーアカウントの「自己紹介」だけでなく、「フォロー中のアカウント」や「少なくとも過去50～100件ほどの過去投稿」も精読し、コミュニケーションをとって問題ないか否かを判断するのが良いでしょう。

続いて、アクティブコミュニケーションOK／NG／要検討のUGC内容例です。

【アクティブコミュニケーションOKのUGC内容】

- 企業や商品に対する「ポジティブなキーワード」が含まれている
  （例）：いい（良い）／おいしい（美味しい）／最高／幸せ／大好き／楽しい 等
- 他ユーザーからのリアクションが多く話題になっている投稿 等

【アクティブコミュニケーションNGのUGC内容】

- ネガティブなワード（高い、まずい（不味い）、最悪…等）が含まれている
- 公序良俗に反する内容を含んでいる
- 不適切な行動（危険な場所／立ち入り禁止区域での撮影など）
- 宗教／政治／戦争／事件・事故／災害／性別／教育の話題などセンシティブな内容
- 下品な言葉づかい、下ネタ、不快感を覚える、差別的表現、人をさげすむような内容
- 商業的なコンテンツ（Webサイトへのリンク等）
- 商品が雑に扱われている
- 投稿の写真が明らかに不鮮明
- 肖像権／著作権を侵害している

【アクティブコミュニケーション要検討のUGC内容】

- 他社商品の画像や感想を含んでいる
- 販売終了している商品

　以上を参考に、アクティブコミュニケーションを行うべき適切なUGCを選び出してみてください。

　なお、パッシブコミュニケーション／アクティブコミュニケーションのいずれにおいても、事前に「想定問答集」を準備しておくことをお勧めします。これは、「ユーザーから寄せられることが予想される質問や要望」および「それら対する適切な回答案」をまとめておくものです。以下にサンプルを記載しておきます。

▼ベンテンダー株式会社 SNS公式アカウント 想定問答集

No	想定質問	回答案	備考
1	社名「ベンテンダー」の由来は何ですか？	以下2つのことばを組み合わせ、「美と健康をやさしくまもる」当社の願いを表現しています。 **「弁天」**：非常に美しく、美と健康をもたらす女神様として信仰されている弁財天様に対する親しみを込めた呼称。 ＋ **「Tender」**：優しい、思いやりがある。	
2	海外でも使える美容家電はありますか？	・・・	
3	美顔器○○には、付属品以外の化粧水も利用可能ですか？	・・・	

　想定問答集は1度作って終わりではなく、「実際にユーザーから届いた質問」および「返答内容」を随時追加することで常にアップデートし続けることが大切です。

　ユーザーとのコミュニケーションログがまとまったこのドキュメントは、ビジネス活動のヒントがつまった貴重な資産として活用できます。ぜひ、社内にも共有してください。

5-3のまとめ

　ベンテンダー社内公式アカウント共通の課題「社内体制の不備」と「SNS運用の知識不足」解消を目指し、各部門ごと2名以上の「SNS運用チーム」を作ってもらいました。さらに、ベンテンダー社内共通の「SNSアカウント運用方針／ルール」を定めて、各SNS担当者・担当部門に配布しました。これらの運用方針／ルールを遵守しているSNSアカウントにのみ、「ベンテンダー公式」のお墨付きを与えることにしたのです。

　特筆すべき点は、公式アカウントとしての基本方針や、SNS投稿に関するルールに加えて、「SNSコミュニケーション施策の方針／ルール」も定めたこと。同社によるSNS活用の最終目的「SNSをコミュニケーションの場としても活用し、顧客との良好な関係を深める」の実現に向けて、パッシブコミュニケーション／アクティブコミュニケーション施策がいよいよ始動します。

　そんな中、「マーケ主導で、ベンテンダー公式アカウントの大改革が進んでいるらしい」との噂を聞きつけて、広報や法務担当から「リスク対策は大丈夫ですか？」との問合せがありました。上場している大企業が炎上に巻き込まれれば、お客様や取引先はもちろん、社員やその家族、そして株主の皆様にも多大な迷惑がかかります。そこで次節では、公式アカウント担当者および全社員にとって大切な「SNSリスク対策」を整えます。

5-4

・・・

ベンテンダー社内共通の「SNSリスク対策」を整える

progress

ベンテンダー社としての「SNSアカウント運用方針／ルール」「SNSコミュニケーション施策の方針／ルール」を定めたことで、社内SNSアカウントの課題だった「基礎設計の不備」「社内体制の不備」「SNS運用の知識不足」を全て解消する仕組みが整いました。あとはゴールに向けて全社一丸となって走り出したいところなのですが、忘れてはならないのが「攻め」だけでなく「守り」も固めること、つまり炎上などのSNSリスク対策です。

ベンテンダー社全社員に向けた SNSリスク対策を実施する（研修・ガイドライン）

　過去にベンテンダー社の投稿が炎上したことがありましたが、実際のところSNSにひそむリスク／トラブルは「炎上」だけでなく多岐にわたります。それらの中から特にベンテンダー社で注意したいリスク／トラブルを、以下のようにピックアップしました。

- アカウントの乗っ取り
- なりすましアカウント

- コミュニケーションのすれ違い
- ステルスマーケティング（景表法違反）
- 権利（著作権・肖像権・商標権）の侵害
- フェイクニュース（デマ）／風評被害
- 誹謗中傷
- 情報漏洩
- 炎上

　これらについての基礎知識や基本的な予防と対策は、SNS公式アカウント担当者だけでなく「全社員」が理解しておくことが大切です。なぜなら、社員個人が業務で、またはプライベートでこうしたリスクやトラブルに巻き込まれた場合、所属組織であるベンテンダー社にも被害が及ぶ可能性が高いためです。
　全社員向けのSNSリスク／トラブル対策として進めたいのは、次の2点です。

- 社員向け「ソーシャルメディア利用に関するガイドライン（行動指針）」の策定
- 社員向け「SNSリスク対策研修」などの実施

　まずは、以下にベンテンダー全社員向け「ソーシャルメディア利用に関するガイドライン（行動指針）」のサンプルを示します。

ベンテンダー株式会社

ソーシャルメディア利用に関するガイドライン

　昨今のソーシャルメディアの発展と普及を受け、ベンテンダー株式会社の商品プロモーション等の業務目的で、またはプライベート目的で、ソーシャルメディアを活用する機会が増えています。

　このガイドラインは、ベンテンダー株式会社および協力社の社員を対象に、ソーシャルメディア（SNSやブログを含む）等を活用する際の行動指針について定めたものです。

　当ガイドラインを遵守し、正しく安全にソーシャルメディアを活用いただくようお願いいたします。

1. 機密情報や知的所有権の保護

　業務上知りえた機密情報や当社の非公開情報（製品リリース情報や広告掲載情報を含む）、インサイダー取引に関する情報、従業員・顧客・取引先の個人情報、企業に知的所有権のある情報をソーシャルメディアで発信しません。

2. 第三者の権利の尊重

　文書・画像・音声・映像などの著作権や他者の肖像権、他社の商標権などの第三者の権利を侵害しないよう十分配慮し、コンテンツの二次利用においては関係法令を順守します。

3. 透明性の担保

　当社が管理・運営しているSNSアカウントには、管理元が当社である旨を明示します。金銭を払って意図的にソーシャルメディア上の議論・口コミ等を操作するなどのやらせ行為（ステルスマーケティン

グ）は行いません。新商品などの物品、金品、サービスを提供した（受けた）場合には、SNS投稿などにその事実を表明します。

4．誹謗中傷の禁止

　特定の個人や集団、民族、思想、信条、宗教、政治等への蔑視や侮辱、名誉毀損、攻撃的・差別的・性的・排他的な表現や発言を行いません。

　当社や当社製品に対する否定的・中傷的な投稿を目にした場合にも、個人の判断で反論や議論を展開しません。そうした投稿に対し会社として公式見解を出す必要があるか否かを含めた対応はマーケティング本部がおこないますので、問題となる投稿を見かけた場合には速やかに報告します。

5．真偽不明の情報発信の禁止

　真偽を確認できていない不確かな情報をソーシャルメディアで発信しません。

6．ソーシャルメディアの特性や注意点の理解

　インターネット上に一度発信された情報は瞬時に世界中に拡散され、取り消したり完全に削除したりすることは出来ません。自分が発信した内容は、ソーシャルメディア上で繋がっている人だけでなく、他の社員や取引先、お客様が目にする可能性があります。これらを理解し、真摯な姿勢でソーシャルメディアを活用します。

　このガイドラインの各項には、ベンテンダー社で注意したいSNSリスク／トラブル例のうち、7種類を防ぐための基本的な行動指針が次のように含まれています。

1. 機密情報や知的所有権の保護	←	情報漏洩
2. 第三者の権利の尊重	←	権利(著作権・肖像権・商標権)の侵害
3. 透明性の担保	←	ステルスマーケティング(景表法違反)
4. 誹謗中傷の禁止	←	誹謗中傷 コミュニケーションのすれ違い
5. 真偽不明の情報発信の禁止	←	フェイクニュース(デマ)／風評被害
6. ソーシャルメディアの特性や注意点の理解	←	炎上

　ソーシャルメディア利用に関するガイドラインでは、各リスク／トラブルに対する行動指針について広く浅く解説しています。より詳細な予防策やトラブルに巻き込まれた際の対応方法などについては、社員向け「SNSリスク対策研修」を実施することによって社員ひとりひとりに学んでもらうのが良いでしょう。

　ところで、「SNSリスク対策研修」の進め方には、次に挙げるようないくつかの方法があります。

- マーケティング本部が法務部門などの協力を得ながら研修の資料作成～講義までを担当する
- 社員が好きな時に視聴できる研修動画を用意する
- 「SNSリスクマネジメント検定」などの外部研修を導入する／外部講師を招へいして社内研修を実施

　今回、ベンテンダー社では「外部講師を招へいして社内研修を実施」＋「研修に参加できなかった社員向けに講義動画を用意」することにして、約2,000人の社員全員がどちらかを必ず受講するように案内しました。

いずれにせよ、大切なのは「SNSの利用有無にかかわらず」全社員を対象に実施することです。SNSを使っていない社員でも、炎上を引き起こしたり巻き込まれたりするケースがあるからです。新入社員はもちろんのこと、中堅社員、役員に至るまで必ず研修を受けてもらいましょう。社員ひとりひとりのSNSリスクに対するリテラシーを底上げすることが、社員と会社を守ることにつながるのです。

ベンテンダー社SNS公式アカウント担当者に向けたSNSリスク対策を整える

　基本情報が中心の「全社員向け」SNSリスク対策とは別に、「SNS公式アカウント担当者向け」SNSリスク・トラブル対策も必要です。
　いくつかのリスク・トラブルについての予防と対策は、5-3で解説した「SNS公式アカウントの運用方針／ルール」または「SNSコミュニケーション施策の方針／ルール」に含めておくのがお勧めです。
　以下の対応表を参考にしてください。

「SNS公式アカウントの運用方針／ルール」	←	アカウントの乗っ取り なりすましアカウント フェイクニュース（デマ） 権利（著作権・肖像権・商標権）の侵害 ステルスマーケティング（景表法違反）
「SNSコミュニケーション施策の方針／ルール」	←	誹謗中傷 コミュニケーションのすれ違い 風評被害

　さらに、最も注意すべきSNSリスク／トラブルである「炎上」については、より慎重かつ重点的な対策をとる必要があります。
　そもそも炎上は、様々な原因で発生します。主体（「企業」か「社員」か）および、発生場所（「SNS内（オンライン）」か「SNS外（オ

フライン)」か)の組み合わせで4パターンあり、さらに、実際には企業も社員も無関係な「巻き込まれ炎上」なるパターンも存在しています。

図5-4-1 　企業が注意すべき炎上原因は5パターン

	SNS 内 (オンライン)	SNS 外 (オフライン)	巻き込まれ炎上
企業 団体	・公式アカウントの不謹慎な投稿 ・公式アカウントの誤投稿(誤爆)	・<u>不祥事、商品／サービスの欠陥など</u> ・センシティブ(デリケート)なテーマを扱った広告／宣伝	・<u>デマ／</u> <u>フェイクニュース</u> ・<u>第三者による誤解／憶測／悪意</u>
社員 職員	・公序良俗に反する投稿 ・機密情報や他人の個人情報を投稿 ・フェイクニュースの拡散	・公序良俗に反する言動	

※下線は予防が難しい炎上原因
出所：筆者作成。

例えば、過去にベンテンダー社が経験した炎上の例として、次のようなものがありました。

◎「**女性差別**」として炎上した、調理家電本部によるＸ投稿

新商品のマルチクッカーを宣伝するため、調理家電本部は「スーツ姿の女性がマルチクッカーの蓋を開けてにっこりしている画像」に以下テキストを添えてＸに投稿しました。

> 【働く女性の味方👩】
> 出勤前にマルチクッカーに材料を入れて、タイマーセット🕐夕方にはホカホカ料理🍲が食べられるから、家族も大喜び😊
> ベンテンダーのマルチクッカーはいかがでしょう✨

図5-4-2　過去に炎上したベンテンダー社調理家電本部によるX投稿

出所：筆者作成。

　この投稿に対して、あるユーザーが「今や10組中7組は共働き世帯なのに、相変わらず『料理は女の仕事』という価値観なんやねw」とコメントを付けて引用ポストしたのを皮切りに、以下のような批判コメントが殺到する結果となりました。

「この投稿考えたの、絶対おじさんだろ」
「これ私だ。帰宅して着替える時間もなく、いつも通勤着のまま子どもの夕食作ってる(T-T)」
「ベンテンダー社の新卒採用に応募しようかと思っていたけど、女性差別ひどそうだからやめときます」

この投稿が炎上した理由は、ユーザーからの批判コメントを見ても明らかです。すなわち「夫は外で働き、妻は家庭を守るべき」のような「固定的な性別役割分担意識」が強調された、いわゆるジェンダー（文化的性差）炎上の典型例と言えるでしょう（図5-4-1で言うと、「公式アカウントの不適切な投稿」に該当します）。

SNS炎上の予防策を整える
（校正校閲の徹底・社外向けポリシー）

ベンテンダー社内SNS担当者向けに、炎上対策を固めていきます。

炎上対策の基本は「予防」ですが、「予防が難しい炎上原因」も存在します。そのため、炎上対策は「予防」と「早期発見・早期消火」の2本立てで進めるのが理想です。

図5-4-3 炎上対策は「予防」「早期発見・早期消火」の2本立て

炎上対策

予防
- ☑ 社員向けSNS利用に関するガイドライン 策定
- ☑ 社員向けSNSリスクマネジメント研修実施
  公式アカウントの投稿内容校正／校閲の徹底
  社外（SNS利用者）向けソーシャルメディアポリシー

早期発見・早期消火
- ・コンテンツモデレーション（モニタリング：監視）実施
- ・トラブル対応フローの策定

出所：筆者作成。

予防策のうち、主体が「社員」である炎上を防ぐのに効果的なのが、全社員向けの「SNS利用に関するガイドライン策定」および「SNSリスクマネジメント研修実施」です。これらはすでに解説済みですので、

図5-4-3では ✅ （チェックマーク）を付けてあります。

　そして、主体が「企業」である炎上を防ぐのに効果的なのが、SNS
公式アカウント担当者向けの予防策である「公式アカウントの投稿内
容校正／校閲の徹底」と「社外（SNS利用者）向けソーシャルメディ
アポリシー」です。

炎上予防策：公式アカウントの投稿は
ダブルチェック以上の体制で

　公式アカウントの投稿が原因の炎上を予防する対策として、まずは
「ダブルチェック以上の体制づくり」について解説します。
　公式アカウントの投稿が原因で炎上を引き起こしたり炎上に巻き込
まれたりするような事態は、徹底的に防ぐべきです。ベンテンダー社
内共通の体制・ルールを作り、SNS公式アカウントを運用している各
部門に共有しましょう。

　まず、各公式アカウントは、常にダブルチェック以上の体制で投稿
の事前確認を行うことを必須とします。「Aさんが作った投稿案をBさ
んが校正校閲を行い、問題なければSNSに投稿する」のがダブルチェ
ック体制です。より慎重を期す場合には、「Aさんが作った投稿案をB
さんが校正校閲を行い、問題なければCさんが最終確認し、問題なけ
ればSNSに投稿する」というトリプルチェック体制を採用するのがお
勧めです。

5-4　ベンテンダー社内共通の「SNSリスク対策」を整える

図5-4-4　公式アカウントの投稿はダブルチェック以上の体制で

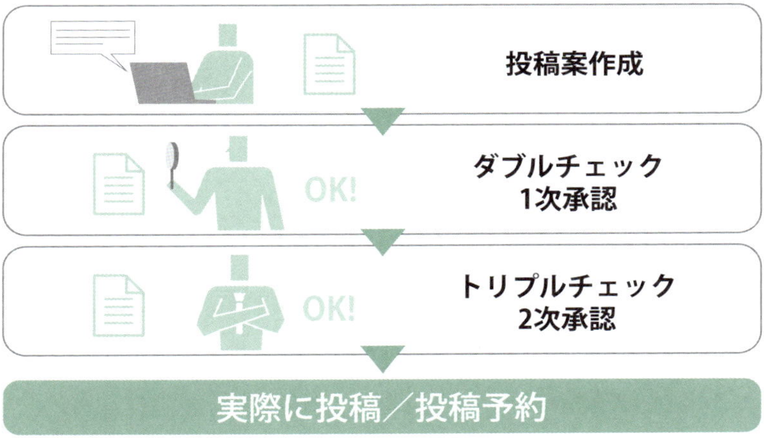

投稿案作成

ダブルチェック
1次承認

トリプルチェック
2次承認

実際に投稿／投稿予約

出所：筆者作成。

　ちなみに、投稿案作成者と承認者（チェッカー）は、できるだけ属性が離れているのが望ましいです。例えば、20代男性が作った投稿案は40代女性がチェックし、30代女性が作った投稿案は20代男性がチェックするといった体制が理想的です。これにより、特にジェンダー炎上を事前に防げる可能性が高まります。

炎上予防策：公式アカウントの投稿内容校正／校閲の徹底

　投稿案作成者によるセルフチェックや、承認者（チェッカー）によるダブルチェック／トリプルチェックの精度を高めるために、「投稿案チェックリスト」を作成して各部門のSNS公式アカウント担当者に共有しましょう。以下にサンプルを載せておきますので、参考にしてください。

　まずは「表現編」チェックリストです。

▼投稿案チェックリスト（表現編）

✓	誤字・脱字・衍字[*1]（えんじ）はないか
✓	外国語のスペルは正しいか
✓	機種（環境）依存文字[*2]が含まれていないか
✓	固有名詞は正しいか
✓	URLは正しいか
✓	メンションは正しく機能するか メンション先は本物か（なりすましアカウントではないか）
✓	ハッシュタグは正しく機能するか ハッシュタグ検索すると不適切な投稿が表示されないか

*1　不要な文字。
*2　電子的な文字データのうち、利用するパソコンやスマートフォン等の環境（機種）によって文字化けしたり表示されなくなったりするもの（例：丸囲み数字、ローマ数字、センチメートルやキログラムなどの単位など）。

column

「URLは正しいか」のチェックポイント

　ベンテンダー社のような大企業の場合、ニュースリリースやセミナーなどのWebページを作る（URLを設定する）部門と、そのURLをSNSに投稿する部門は別であることが多いと思います。そうした体制の場合によく起きうるSNS投稿トラブルを、以下に挙げておきましょう。

- URLがテストページのものだった／社内からしかアクセスできないURLだった
- 「AM10時にWebページを公開するので、SNS投稿もAM10時ジャストに行ってほしい」と依頼を受けたが、トラブル等が発生したためWebページ公開は1時間近く遅延してしまった

　こうしたURL関連トラブルを予防するには、「SNS投稿前に、URL

をタップして正しくページ遷移することを確認」するようにしましょう。

　また、「SNSに投稿されたURLをタップしたら、Not Foundになった」というトラブルを防ぐためにも、「Webページ公開を目視で確認できてから、SNSでURLを投稿する」ことを徹底するのが大切です。

　次に、「内容編」チェックリストのサンプルです。

▼投稿案チェックリスト（内容編）

✓	内容は正しいか（間違っていないか／だまされていないか）
✓	法令順守しているか（著作権／肖像権／商標権／景表法など）
✓	誤読される可能性[*1]が低いか
✓	「炎上さしすせそ」[*2]に該当しないか
✓	炎上危険日[*3]（1/17, 3/11, 8/6, 8/9, 8/15など）に、不謹慎・無神経と思われるような投稿をしようとしていないか

*1　例えば「AさんはBさんとCさんの所へ行きました」のように、読み方によって複数の意味にとれる文など。
*2　一般社団法人SNSエキスパート協会が提唱する「SNSで炎上しやすいトピック」をまとめたもの。
　　さ：災害・差別
　　し：思想・宗教
　　す：スパム・スポーツ・スキャンダル
　　せ：政治・セクシャル（含LGBTQ・ジェンダー）
　　そ：操作ミス（誤投稿）
*3　過去に大きな災害や事件等が発生し、多くの人が辛い記憶・悲しい記憶を呼び起こされる日。何を投稿しても炎上しやすいため、当日の投稿は避けるか、投稿時間や内容に十分な配慮が必要である。以下は代表的な「炎上危険日」の例。
　　1/17：阪神淡路大震災
　　3/11：東日本大震災
　　8/6：広島原爆忌
　　8/9：長崎原爆忌
　　8/15：終戦記念日

Point!
　「『炎上さしすせそ』に該当しないか」は、各社の商材ごとに要注意ポイントが変わります。ベンテンダー社のSNS投稿の場合、特に「調

理家電や美容家電は『女性が使うもの』」＝「家事や美容は女性が行うもの」や、「女性は色白／二重瞼が美人の条件」といった先入観を明示、または暗示している表現には注意すべきでしょう。

（炎上リスクがある表現例）
- 家事も美容も完璧にこなすママにおすすめ！ベンテンダーの最新家電
- ベンテンダーは、忙しい毎日で家事や美容に手が回らない女性の味方
- 目指せ色白美人！ベンテンダーの●●であなたもブルべに変身できるかも

炎上予防策：社外（SNS利用者）向け　ソーシャルメディアポリシー

　ベンテンダー社のSNS公式アカウントを利用する社外ユーザーに向けて、守るべき規約をまとめた文書が「ソーシャルメディアポリシー（SNS利用規約）」です。ユーザーが「やっていいこと・やってはいけないこと」等を明確にすることで、炎上などのトラブルを防ぎ、ベンテンダー社の信用や利益を守ることが可能になりますので、ぜひ作っておきましょう。
　以下は、「ソーシャルメディアポリシー（SNS利用規約）」に含めると良い項目の例です。

・迷惑行為の禁止
権利や利益の侵害／誹謗中傷／公序良俗に反する言動／犯罪行為／宗教団体等への勧誘／アフィリエイトや広告宣伝など。

・禁止行為に対するベンテンダー社の対応
投稿の削除・非表示／プラットフォーマーへの通報／アカウントのブロックや削除など。

・免責事項
著作権の取扱いについて／投稿内容における誤謬の可能性など。

　以上のような炎上予防策を全社的に取り入れ、防げる炎上は徹底的に予防してください。

SNS炎上の早期発見・早期消火策を整える（コンテンツモデレーション・トラブル対応フロー）

　以上で、SNS炎上対策の「予防策」についての解説は終わりです。続いて、「早期発見・早期消火策」について解説します。

　炎上対策は「予防」が基本ですが、予防しきれなかった炎上やそもそも予防できない炎上（巻き込まれ炎上等）に対しては「早期発見・早期消火」が有効です。

図5-4-5 炎上対策は「予防」「早期発見・早期消火」の2本立て

炎上対策

予防
- ☑ 社員向け SNS 利用に関するガイドライン 策定
- ☑ 社員向け SNS リスクマネジメント研修実施
- ☑ 公式アカウントの投稿内容校正／校閲の徹底
- ☑ 社外（SNS利用者）向けソーシャルメディアポリシー

早期発見・早期消火
- ・コンテンツモデレーション（モニタリング：監視）実施
- ・トラブル対応フローの策定

出所：筆者作成。

炎上の早期発見・早期消火策：
コンテンツモデレーション

炎上の早期発見／早期消火策の1つが、「コンテンツモデレーション」です。

コンテンツモデレーションとは、インターネット（SNS）上に投稿されたコンテンツ（テキスト／画像／動画）を監視（モニタリング）し、問題あるコンテンツを発見した際には削除／修正／警告などの対応をとるプロセスのことです。

なるべく費用をかけず簡易的に監視を行うなら、「各部門（またはマーケティング本部）が数時間に1回のタイミングでSNS上を検索し、炎上の火種が発生していないかを目視で確認する」という方法が一般的です。ただし、この方法ではせいぜい平日日中のみの監視しかできません。

理想はやはり、24時間365日監視を続けること。そのためには、次の有料サービスの導入検討も選択肢となります。

> **・有人監視（モニタリング）**
> 4時間おきや6時間おきに、人間がSNSやインターネットを目視で監視するサービス。
>
> **・ツール監視**
> ほぼリアルタイムに、モニタリングツール（投稿監視ツール）がSNSやインターネットを監視するサービス。

　ところで、「監視」の結果、炎上や火種を早期に発見できたとしても、消火に時間がかかってしまっては元も子もありません。早期発見後には早期消火を行えるよう、「一次対応ルール表」も用意しておきましょう。

　図5-4-6は、一次対応ルール表のサンプルです。例えば、SNS投稿のコメント欄にベンテンダー社員または第三者の住所が書き込まれているのを監視によって発見した場合、市町村名までの書き込みであれば「OK（静観対応）」とするが、番地まで書き込まれていた場合は「非表示」または「削除」の対応する——のように、「監視によって何を発見したら、どう一次対応するか」を定めておきます。

　なお、有料の有人監視サービスで使われている「一次対応ルール表」には、50～100項目ほど含まれているのが一般的です。

図5-4-6 一次対応ルール表（抜粋）

No.	カテゴリ	詳細	一次対応ルール		
			OK（静観）	非表示	担当者に連絡
1	個人情報	個人の住所（市町村名まで）	●		
2	個人情報	個人の住所（番地まで）		●	●
3	誹謗中傷	「バカ」「アホ」「うざい」			●
4	誹謗中傷	差別用語		●	
5	クレーム	製品の初期不良と思われる不具合へのクレーム			●

出所：筆者作成。

　適切な監視と一次対応による「コンテンツモデレーション」で、炎上の早期発見・早期消火に努めましょう。

炎上の早期発見・早期消火策： トラブル対応フローの策定

　炎上の早期消火策として、社内の「トラブル対応フロー」を策定しておくことも有効です。

　「何が原因でどんなトラブルが発生したら、どこの部署の誰がどんな対応をするか」を、平時の内に社内関連部門と話し合い、フローにまとめておきましょう。

　ベンテンダー社の場合は、マーケティング本部に加えて、公式アカウントを運用している各部門・法務部門・広報部門などで協議することがおすすめです。図5-4-7は、トラブル対応フローのサンプルです。参考にしてみてください。

　平時のうちにトラブル対応フローを作っておけば、炎上等のトラブルが発生してもスピーディーに適切な処置が行えます。まさに「備えあれば患いなし」です。このフローは、全ての企業・団体で作っておくことが望ましいのです。

5-4 ベンテンダー社内共通の「SNSリスク対策」を整える

図5-4-7 トラブル対応フロー（サンプル）

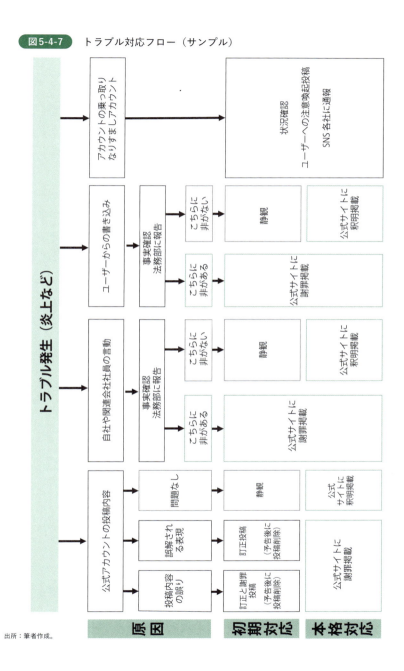

出所：筆者作成。

5-4のまとめ

　ベンテンダー社の各SNS公式アカウントの大改革を進めてきましたが、最後は「守り」を固めるため、炎上などのSNSリスクから同社と社員を守るために不可欠な「リスク対策」を整えました。

　まずは「全社員に向けたSNSリスク対策」として、「SNSリスク対策研修」の実施や、社員向け「ソーシャルメディア利用に関するガイドライン（行動指針）」の策定を行いました。そして、「SNS公式アカウント担当者に向けたSNSリスク対策」として、以下を各部門のSNS運用チームとともに導入していくことになりました。

【予防策】
- ダブルチェック以上の体制整備
- SNS投稿案チェックリストの整備
- 「社外向けソーシャルメディアポリシー」の策定

【早期発見・早期消火策】
- コンテンツモデレーション（監視＆一次対応）の実施
- 社内「トラブル対応フロー」の策定

　これらの具体的内容は、マーケティング本部が法務部門のサポートを受けながら作成およびブラッシュアップし、SNS公式アカウントを運用する各部門にも展開していきます。
　また、ポリシーやルール等は必要に応じて随時内容をアップデートし、マーケティング本部から関連各部門に確実に共有する機会を定期的に作ります。

研修等による社内啓発が進んだ結果、ベンテンダー社内全体にSNSリスク対策を重んじる雰囲気が出てきました。このまま意識が定着しリスク対策が継続するよう、これからもマーケティング本部が中心となって社内啓発を続けていく予定です。

「攻め」と「守り」の両軸を押さえつつ、ベンテンダー社が運営する公式アカウント運用はますます成果を上げていくことでしょう。

Chapter

6

SNSアカウント運用は後方ではない
- マーケティング思考の重要性

「流行っているから」「無料だから」等の理由でSNSマーケティングに取り組み始めた企業や団体は珍しくありません。実際、数分もあればSNSに（公式）アカウントを作れますし、画像や動画を付けた投稿は、一日何本でも無料で行えるわけですから、「とりあえず始めてみよう」という企業判断はごく自然なことでしょう。

しかし、SNSマーケティングの基本とも言える「SNSアカウント運用」を始めてはみたものの、成果が感じられないと悩む企業が多いのもまた事実です。
「面白おかしい投稿を毎日コツコツ行っているのに、ユーザーからの反応が薄い」

「プレゼントキャンペーンを実施するとフォロワーは増えるが、終了すると潮が引くようにいなくなる」
「アンケートやクイズを投稿するが、ほとんど回答がない」

など具体的状況は様々ですが、その原因はChapter1でも示したように、SNSマーケティングの限界でも終わりでもなく、SNSおよびSNSマーケティングの進化にキャッチアップできていない可能性を疑うべきでしょう。

ここでは本書の締めくくりとして、SNSアカウント運用で成果を出すために必要なマーケティング思考と、それに基づいた進め方について解説します。

6-1

...

SNSアカウント運用に
必要なマーケティング思考

「SNSアカウント運用」は、SNSマーケティング施策であると同時に、数あるマーケティング施策の1つでもあります。したがって、マーケティング思考を持ってスタートし、戦略的に運用することが大切です。前章まで様々なテストケースの中で部分的に解説してきた「SNSアカウント運用の初期設計」の基本について、本節ではまとめて紹介します。

SNSマーケティングは
万能ではない

　SNSアカウントの初期設計、すなわち始め方について解説する前にまず強調しておきたいのは、「SNSマーケティング（SNSアカウント運用を含む）は、万能の施策というわけではない」ということです。
　図6-1-1は小売店のマーケティング施策をチャート化したものですが、SNSマーケティング施策の得意分野は中央から右下に偏っていることがわかるでしょう。すなわち縦軸では「認知の獲得（店名や存在を知らない潜在顧客に認知してもらう）」よりも「関係性の構築（認知しているレベルのユーザーに顧客／ファンになってもらう）」を得意とし、横軸では「今日の売上を作る（顕在需要の刈り取り）」よりも

「未来の売上を作る（潜在顧客の育成）」を得意とするのがSNSマーケティングなのです。

そのため、現状分析（例：3C分析、SWOT分析など）から戦略策定（例：STP分析、4P分析、4C分析など）までのマーケティングプロセスを進めた結果、実施すべき施策候補にSNSマーケティングが含まれないケースもありえるでしょう。なお、SNSマーケティングと他のマーケティング施策を組み合わせて実施することは、各施策の強みを生かし目的達成への近道となるため、一般的によく行われています。

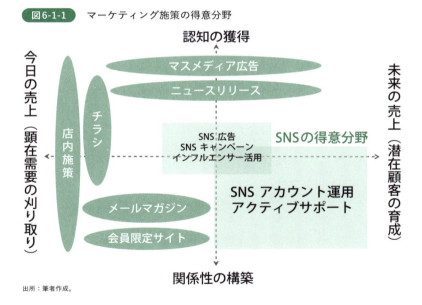

図6-1-1　マーケティング施策の得意分野

出所：筆者作成。

SNSアカウント運用の初期設計

　マーケティングプロセスを進めた結果、施策として「SNSアカウント運用」を進めることを決めたなら、以下の手順で初期設計を行いましょう。「どうやるか (How)」よりも、まずは「なぜやるのか (Why)」から決めることが大切です。

①目的（KGI／最終目標）を決める
②対象（ターゲット・ペルソナ）を決める
③活用するSNSと施策を決める
④中間目標（KPI）を決める

まずは目的（KGI：Key Goal Indicator）設定から

　SNSアカウント運用の目的として「フォロワーを1万人にすること」や「月に1回は投稿をバズらせること」などを挙げるSNS担当者がいますが、これらは目的としては不適切です（これらはむしろ、目標（KPI）でしょう）。

　「SNSを使って、自社／商品／サービスのどんなビジネス課題を解決したいのか」、それがSNSアカウント運用の目的であるはずです。

　よりわかりやすく言えば、「SNSを通じて、誰にどうなってほしいのか／どうしてほしいのか」を考えてみると良いでしょう。図6-1-2は、小売店のSNSアカウントの目的例を例示したものです。例えば、店舗がオープンしたばかりで「認知度が低い」という課題を抱えているのであれば、「（地元住民に）店舗のことを知ってほしい」が目的（KGI）になるでしょう。企業や団体が抱えている課題はそれぞれ異な

ります。SNSアカウント運用の目的（KGI）は、その課題と整合性がとれたものを設定しましょう。

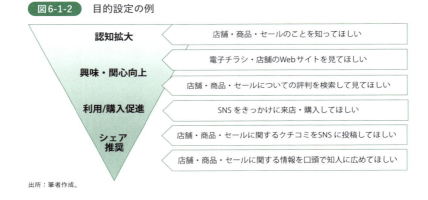

図6-1-2　目的設定の例

出所：筆者作成。

対象（ターゲット顧客）の理解

目的とあわせて、対象（ターゲット・ペルソナ）も決めておきます。すなわち、「SNSを通じて、誰にどうなってほしいのか／誰にどうしてほしいのか」の「誰」こそが「対象」です。「ターゲット」と「ペルソナ」の違いは以下の通り。

- **ターゲット**：いくつかの属性でグループ化した「お客様になってほしいユーザー層」。「狙いたい／お客様になってほしい顧客層」の定義・注力すべき市場の絞り込みと規模感の把握に役立つ。

- **ペルソナ**：ターゲットの中で「もっとも重要で象徴的なお客様像」のモデル化。顧客理解の深化／顧客視点を大切にしたマーケティング施策立案／社内への戦略共有等に役立つ。

ペルソナシートのサンプルを図6-1-3として載せておきますが、これはあくまでも一例で、実際には色々な種類のシートが存在します。「ペルソナシート」や「ペルソナ テンプレート」でGoogle検索し、用途に合っているもの／使いやすいものを見つけても良いでしょう。

図6-1-3 ペルソナシート（サンプル）

名前		家族構成		ビジュアルイメージ
性別		居住地		
年齢		趣味		
職業		休日の過ごし方		
年収		性格		
信条				
よく見る新聞・雑誌・Webサイト				
よく使うSNSと頻度				

出所：筆者作成。

活用するSNSを選択する

　目的と対象が決まったら、活用するSNSを選びます。予算や人的リソースが潤沢であれば、最初から複数のSNSを並行して活用することも不可能ではありませんが、お勧めは無理のないスモールスタートです。SNSごとにユーザー層や特徴は異なります。「目的達成にはどのSNSが適しているか」「ペルソナがよく使っていると思われるSNSはどれか」など様々な視点から検討した上で、自社にとってベストと思

われるSNSをまずは選びましょう。6種類の主要なSNSについて、ユーザー属性や特徴を挙げておきますので参考にしてください。

- **LINE**：全国各地にユーザーが存在し、人口分布とユーザー分布がほぼ一致するSNS。チャットや予約受付機能など1対1のコミュニケーションに適している。

- **YouTube**：ユーザーの年代は幅広い。過去の動画も検索して見てくれるユーザーが多い。最近は、縦型動画「YouTubeショート」も人気。

- **X**：ユーザーの平均年齢は37歳。拡散力が強く、タイムリーな情報発信に最適なSNS。「バズ」が起きやすい一方、炎上も発生しやすい。

- **Instagram**：女性の割合が過半数。拡散力は弱いが、画像や動画で商品の魅力を伝えやすい。24時間で消える「ストーリーズ」や短尺動画「リール」なども人気。

- **TikTok**：10代20代に人気。縦型短尺動画を簡単に編集でき、カジュアルな雰囲気が特徴のSNS。独自の仕組みにより、非フォロワーにも投稿を見てもらいやすいのが強み。

- **Facebook**：中高年層中心。実名を登録して使っているビジネスパーソンも多く、フォーマルな雰囲気を持つSNS。炎上が比較的起きにくい点も強み。

各SNSの特徴

図6-1-4 各SNSの特徴（2025年2月現在）

	LINE	YouTube	X (Twitter)	Instagram	TikTok	Facebook
国内ユーザー数	9,700万人	7,120万人	6,700万人	6,600万人	3,300万人	2,600万人
ユーザー属性	幅広い年齢層	10～50代以上まで幅広い世代	20～30代過半数／平均37歳	10～30代中心 女性が過半数	10代と20代で半数以上	30代以降の男性が多い
強み	・全国各地に圧倒的なユーザー数 ・1対1コミュニケーション ・スタンプやキャラなどの独自機能	・豊富な情報をわかりやすく伝えられる ・縦型動画（YouTubeショート）も人気 ・YouTuberの活用 ・Google検索で表示されやすい	・カジュアルなコミュニケーション盛ん ・情報拡散力強い ・タイムリーさ重視 ・ソーシャルリスニングやアクティブサポート	・画像／動画で訴求しやすい商材向き ・ECサイトと連携しやすい ・ストーリーズ／リールも人気 ・インフルエンサーの活用	・タイムリーさ重視 ・動画編集機能豊富 ・「おすすめ」機能で新たな潜在顧客へリーチ可能 ・10代はコミュニケーションにも利用	・多彩なコンテンツが投稿可能 ・オフィシャル＆ビジネス利用が多い ・特に中高年層に訴求 ・フォーマルな雰囲気
弱み	・無料で利用できる機能は限られる	・動画の撮影・編集はスキルとリリースが必要	・仕様変更が頻繁に発生 ・炎上しやすい	・画像／動画の用意が必須 ・拡散力は低め	・コメント欄が荒れやすい ・30代以上の利用率は低め	・お勧め投稿頻度は1日1～2本程度 ・若年層はあまり利用していない

出所：筆者作成。

具体的施策を決める

最後に決めるのが「どうやるか（How）」です。目的達成のために、具体的にどんな施策を行うかを決めます。SNS活用施策と言えば、「SNS公式アカウント運用」がもっともポピュラーで定石と言えますが、実際には以下に挙げるように多種多様な施策が存在します。

- **SNS公式アカウント運用**：SNS上に公式アカウントを作り、定期的な情報発信やユーザーとのコミュニケーションを行う施策。

- **インフルエンサー活用（インフルエンサーマーケティング）**：インフルエンサー（フォロワーを多く抱え、影響力を持つユーザー）に依頼して、そのフォロワーらに商品・サービスの認知拡大や興味喚起を図る施策。

- **ソーシャルリスニング**：SNS上に投稿されたユーザーの生の声を収集／分析し、自社のビジネス活動に生かす施策。「エゴサーチ」もこの一種。

- **アクティブサポート**：SNS上で自社商品やサービスに関する疑問／不満／要望などを投稿しているユーザーを見つけ、公式アカウントから話しかけて満足度向上を図る施策。

- **SNS広告**：各SNSに広告を出稿する施策。認知拡大／Webサイトへのアクセス増加／動画再生回数の増加など、様々な目的で実施される。

- **プレゼントキャンペーン**：「アカウントのフォロー」や「公式アカウントの投稿への『いいね』や『リポスト』」などを応募条件とし、抽選でプレゼントを贈ったりクーポンを配布したりすることで商品／サービスの認知拡大や好意度向上などを図る施策。

　どの施策を選ぶかは、カスタマージャーニーマップなども作って検討すると良いでしょう。参考までに、各マーケティングフェーズにおいてどのSNS活用施策がよく使われているかを図6-1-5にまとめました。理想を言えば、どのフェーズにおいても「公式アカウント運用」と他施策を並行したいものです。

　実施する施策が決まったら中間目標（KPI）も設定し、目的達成に向けて施策を実行に移しましょう。

図6-1-5　各マーケティングフェーズとSNS活用施策

出所：筆者作成。

6-2
...

SNSアカウント運用は
PDCAサイクルが肝

SNS活用施策の中でも定石と言える「（公式）アカウント運用」においても、マーケティング思考が大切です。中でも、目標達成のためのPDCAサイクルをいかに効率的に、かつスピーディーに回せるかがSNSアカウント運用の成否につながります。ここでは、お勧めしたい「SNSアカウント運用の3ステップ」についてご紹介しましょう。

SNSアカウント運用の
3ステップ

　SNSアカウント運用は、「Step0：アカウントの作成」の後、以下3ステップを継続することがお勧めです。PDCAサイクルで言えば、「Plan：計画」にあたる部分は前節で解説した通りです。Step1と2が「Do：実行」、Step3が「Check：評価」、Step3の結果をStep1と2に還元するフェーズが「Action：改善」に該当します。

Step1：ファンを集める
Step2：ファンとの関係を深める
Step3：振り返る（効果測定）

図6-2-1　SNSアカウント運用の3ステップ

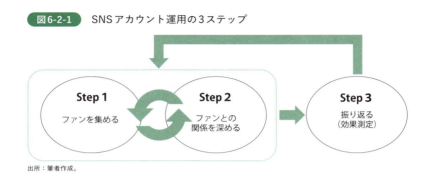

出所：筆者作成。

Step1：
ファンを集める

　公式アカウントを作っただけ、毎日ただ投稿しているだけでは、ファン（フォロワー・友だち）は増えません。公式アカウントの存在を認知してもらい、関心を持ってもらうために、以下のような施策を継続的に実施することがお勧めです。

施策	説明
既存資産の活用	Webサイト／メールマガジン／冊子類／ポスター／チラシ／パッケージ／社員の名刺などに、QRコードやURLを記載。
広告・キャンペーンの実施	SNS広告を出稿／「フォローしてくれたら抽選でプレゼント」といったキャンペーンをSNS上で実施。
SNSの機能・アルゴリズムの活用	非フォロワーに見てもらいやすいInstagramリールやTikTok動画の活用／アルゴリズムを理解して「おすすめ」への露出拡大を狙う。

Step2：
ファンとの関係を深める

　集まってくれたファンと良好な関係を構築するには、「コミュニケーション」や「ファンに共感してもらえる投稿」がお勧めです。SNSは「顧客や社会との価値共創の場」ですから、公式アカウントからの投稿は、一方通行にならないよう図6-2-2に示した2つの要素「企業が伝えたい要素」と「ファンとの関係性を深める要素」を両方組み合わせて、1本の投稿に仕上げるようにしましょう。また、Step1と2はそれぞれ1回で終わらせず、両方を回し続けることが大切です。

　なお、ファンとの関係性を深める要素は、頭文字をとって「やさしきタイ」と覚えると便利です。

> や：役に立つ
> さ：参加型である
> し：親近感がある
> き：共感できる
> タイ：タイムリーである

図6-2-2　公式アカウントの投稿に含める2要素

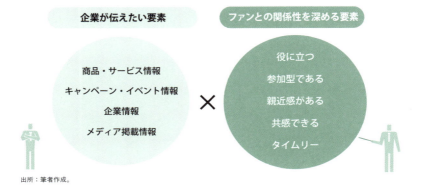

出所：筆者作成。

Step3：
振り返る（効果測定）

　月に1回程度は振り返り（効果測定）を行うことが大切です。各SNSが提供している管理画面や各種SNS運用支援ツールなどを使って、KPIの達成状況を確認しましょう。

　効果測定で大切なのは、KPIが達成／未達いずれの場合も、その「要因」を考えることです。達成要因は「良かった点」ですので、次月以降もそのまま継続できるように努めましょう。未達要因は「良くなかった点」ですので、細かく分析するだけでなく、「こうすることで改善するのではないか」と仮説を立てて「改善策」にまで落とし込むことが大切です。

　改善策は翌月以降のStep1やStep2に取り入れ、また振り返りのタイミングで「改善できたか（仮説が正しかったか）」を確認するようにしましょう。

6-3

...

進化を続けるSNSの
最新情報をキャッチアップ

SNSマーケティングの成果を最大化するためには、常に最新情報をキャッチアップし、新しい機能やトレンドを取り入れた運用を続けていくことがお勧めです。とはいえ、変化の早いSNSのトレンドや、頻繁に行われる新機能リリース情報などを漏れなく効率よく集めるのは骨が折れます。そこで本節では、SNS担当者にお勧めの最新情報キャッチアップ法を紹介します。

SNSの最新情報を
効率よくキャッチアップするには

信頼できる情報を得るなら「書籍／雑誌」、効率よく知識習得するなら「セミナー」も良いのですが、最新情報をスピーディーに入手するには、やはり「インターネット」の活用が欠かせません。SNS、Webサイト、メールマガジンなどを使って、アンテナを高く張るようにしましょう。

とはいえ1人で行う情報収集には限界がありますので、協力しあえるメンバーを社内で募るのはいかがでしょうか。複数名集まれば、以下のような効率的な方法も可能になります。

- 各自がチェックするWebサイトやSNSを分担し、毎日情報共有しあう
- 社内のグループウェア上に情報共有チャットを作り、有益な情報を見つけたら都度シェアしあう

最新情報を得るために
チェックしたい情報源

SNS関連の最新情報をスピーディーに入手するために参考となるWebサイトを、以下にいくつか挙げておきます。1人で、または仲間と分担して定期的にチェックすると良いでしょう。この一覧以外にも、SNSプラットフォーマー各社の公式アカウントをフォローするのもお勧めです。

・SNSプラットフォーマー

Metaニュースルーム	https://about.fb.com/ja/news/
Xブログ	https://blog.x.com/ja_jp
Instagramブログ	https://about.instagram.com/ja-jp/blog
TikTokニュースルーム	https://newsroom.tiktok.com/ja-jp
YouTubeヘルプ＞ クリエイター向けの最新情報	https://support.google.com/youtube/answer/9072033

・SNSマーケティング支援企業のブログ

WE LOVE SOCIAL	https://blog.comnico.jp/we-love-social
ソーシャルメディアラボ	https://gaiax-socialmedialab.jp/
SMMLab	https://smmlab.jp/
Insta Lab	https://find-model.jp/insta-lab/

・マーケティング業界メディア

日経クロストレンド	https://xtrend.nikkei.com/
Web担当者Forum	https://webtan.impress.co.jp/
MarkeZine	https://markezine.jp/
AdverTimes	https://www.advertimes.com/
ZDNET Japan	https://japan.zdnet.com/
ITmedia	https://www.itmedia.co.jp/

まとめ：
マーケティング思考があってこそ
SNSマーケティングは成果が出る

　SNSマーケティングは万能の施策ではありません。ましてや、何となく続けていれば効果が出るほど甘いものでもないのです。SNS「マーケティング」と名が付く通り、きちんと成果を出すにはマーケティング思考が必須と言えるでしょう。現状分析から戦略策定までのマーケティングプロセスにのっとり、SNSマーケティングにおいてもまず「なぜやるのか（Why）」を固め、最後に「どうやるか（How）」を決めるのがお勧めです。

　中でも、SNSマーケティング施策の定石とも言える「SNSアカウント運用」において成果を出すには、PDCAプロセスをスピーディーに回すことが大切です。特に、Check：評価からAction：改善までの流れは重要ですので、少なくとも月1回は振り返り（効果測定）の時間をとり、「何が課題か」「どんな改善策がとれるか」考察するようにしましょう。

　SNSやSNSマーケティングのスピーディーな進化は止まりません。そんな状況下でも成果を出し続けるには、SNS担当者は最新情報を常にキャッチアップし、スピーディーに自社のSNSマーケティングに反映することが大切です。進化／変化を楽しみながら、効率よく、偏りなく情報を収集し、自社が目指すゴール達成を目指してください。

おわりに

　本書をお読みいただいたみなさま、そして出版にあたりご支援・ご協力いただいたみなさまに、心より御礼申し上げます。

　SNSおよびSNSマーケティングが今もなお進化し続けていることをご理解いただけたでしょうか？ また、SNSマーケティングのスタートからゴールまでの流れを時系列で捉え、自社でどのように実践するかイメージすることはできましたでしょうか？
　本書は、「SNSマーケティングの成果を最大化する技法とロジック」を「ケースで学ぶ」ことを目指した、類書のない一冊です。そのため、執筆は挑戦の連続でした。ぜひ、みなさまのご感想をお聞かせいただけると嬉しく思います。

　なお、本書のコンセプト上、SNSマーケティングの総論やテクニック、トレンド、各SNSの使い分け等についての解説はかなりコンパクトにまとめています。こうしたSNSマーケティング知識を体系的に深く学びたい方は、「SNS エキスパート検定（初級・上級）」「SNSリスクマネジメント検定」の受検をよろしければご検討ください。（SNSエキスパート協会：https://www.snsexpert.jp/）
　また、SNS担当者が注目すべきSNSの最新情報などは、私のSNSアカウントでも発信しております。（Xアカウント：@marie111r）

　本書で紹介した実戦型の技法とロジックを取り入れることで、みなさまの企業がSNSマーケティングで大きな成果を上げられますよう、心から願っております。

2025年2月

後藤 真理恵

index

■数字・アルファベット

3C 分析 —— 44,102,168
4C 分析 —— 138
As-Is —— 116
BtoB —— 102,157
BtoC —— 102,157
Candidate —— 168
Company —— 47,105,173
Competitor —— 46,104,171
Customer —— 45,104
Discord —— 35
EC サイト —— 102
Google トレンド —— 119
Instagram 広告 —— 145
Instagram 広告予算 —— 147
Instagram 公式アカウント —— 75
KGI —— 67
KPI —— 67
PDCA サイクル —— 281
PEST 分析 —— 111
Place —— 137
Positioning —— 56,131
Price —— 137
Product —— 137
Promotion —— 137
PR 施策 —— 86
Segmentation —— 56,128
SNS 運用支援ツールの活用 —— 234
SNS 広告 —— 281

SNS 公式アカウント運用 —— 281
SNS 黎明期 —— 29
SNS の運用体制 —— 230
SNS の最新情報 —— 287
SNS の多様化 —— 19
SNS の分類図 —— 24
SNS フォロワー限定キャンペーン —— 152
SNS プラットフォームの細分化 —— 21
SNS プラットフォームの進化 —— 21
SNS マーケティング観がアップデートされていないアカウント —— 31
SNS リスク対策 —— 251
STP 分析 —— 56,182
SWOT 分析 —— 50,109,175
TAPS 法 —— 115
Targeting —— 56,129
TikTok 公式アカウント —— 195
To-Be —— 115
URL 関連トラブル —— 262
X 公式アカウント —— 195,239

■あ行

アカウント運用ルール —— 83
アカウントの乗っ取り —— 256
アクティブコミュニケーション —— 244

アクティブサポート 281
アルゴリズム 19
アルムナイ採用 166
一般社団法人日本フードサービス
　協会 45
インフルエンサー活用 84,203,281
インフルエンサー活用の注意点
　 90
インフルエンサーとフォロワー数
　の相関 88
インフルエンサーの見つけ方 88
インフルエンサーマーケティング
　 203
運用体制 82
運用マニュアル 235
運用ルール 82
炎上 91,207
炎上予防策 260

■か行
外部環境 50
外食産業市場動向調査 45
ガイドライン 251
カスタマージャーニーマップ
　 70,141,227
価値の浸透 37
価値の創造 37
関係性の醸成 38

キャンディデイトジャーニーマッ
　プ 188
口コミ 121
口コミ分析ツール 121
クロス SWOT 分析 113,177
景表法違反 256
研修 251
校閲 261
工学系大学生の SNS 別利用率
　 192
広告最適化 150
校正校閲 259
顧客の購買行動モデル 225
コミュニケーションのすれ違い
　 256
コミュニケーション方針 243
コミュニケーションルール 243
コンテンツカレンダー 200
コンテンツモデレーション 265

■さ行
採用マーケティング 164
採用マーケティング施策の種類
　 186
作業の効率化 233
自走 242
持続可能な社会の実現 38
社員インタビュー 204
社員インフルエンサー 202

社外向けポリシー	259	誹謗中傷	256
社内 SNS アカウント	216	ファイブフォース分析	111
従来型の採用手法	166	ファネル	225
肖像権の侵害	256	風評被害	256
商標権の侵害	256	フェイクニュース	256
初期設計	66,139,187,276	フリークエンシー	150
ショップ機能	153	プレゼントキャンペーン	281
ステルスマーケティング	91,207	プロフィールイメージ	79
生成 AI の活用	234	ペルソナ	60,133,183
ソーシャルメディアポリシー		変数ごとのターゲティング	130
	264	ポップアップストア	154
ソーシャルリスニング	281		
ソーシャルリスニングツール			
	121		

■ま行

マーケティング思考	274
マーケティング施策	136
マーケティング定義の変遷	27
マーケティングの定義	14
モニタリング	267

■た行

ターゲット	127,183
タイアップ投稿	92
ダブルチェック	260
著作権の侵害	256
ツール監視	267
テキストマイニング	121
投稿作成ルール	83
投稿内容校正	261
トラブル対応フロー	265

■や〜ら行

ユーザーの分散化	19,25
有人監視	267
ライブ配信	210
乱立	221
リスク対策	233
リスクマネジメント	206
リピーター	66
リファラル採用	166

■な〜は行

認知拡大	84
パッシブコミュニケーション	243

◎筆者紹介

後藤 真理恵（ごとう まりえ）
一般社団法人 SNS エキスパート協会　代表理事
株式会社コムニコ マネージャー

東京大学文学部卒・中学高校教諭第一免許状（国語）取得。日本オラクルにて、技術者向け研修サービス、マーケティング、パートナービジネス関連業務に従事。
2013年、コムニコに入社。数多くの企業の SNS 活用支援で得た豊富な知見とノウハウを積極的に発信し、SNS マーケティングの正しい知識の啓発や業界発展に努めている。
2016年11月、SNS エキスパート協会 代表理事に就任。「SNS エキスパート検定」「SNS リスクマネジメント検定」を通し、SNS を効果的・安全に活用できる人材育成にも尽力している。
内閣府主催セミナー、全国の企業・団体・自治体での講演や、各種イベント・カンファレンスでの登壇、各種メディアへの寄稿や取材対応など実績多数。
◆ X（旧 Twitter）アカウント：@marie111r

主な著書
・『SNS マーケティング ケースで学ぶ 成果を最大化する技法とロジック』（ソシム）
・『SNS マーケティングはじめの一歩　無理なく成果を出し続ける運用のコツ』（技術評論社）
・『デジタル時代の実践スキル SNS 戦略　顧客と共感を集める運用&活用テクニック』（翔泳社）
　　他

カバーデザイン：坂本真一郎（クオルデザイン）
本文デザイン・DTP：有限会社 中央制作社

SNS マーケティング
ケースで学ぶ 成果を最大化する技法とロジック

2025 年 3 月 27 日　初版第 1 刷発行

著者　　後藤 真理恵
発行人　片柳 秀夫
編集人　志水 宣晴
発行　　ソシム株式会社
　　　　https://www.socym.co.jp/
　　　　〒 101-0064　東京都千代田区神田猿楽町 1-5-15 猿楽町 SS ビル
　　　　TEL：(03)5217-2400（代表）
　　　　FAX：(03)5217-2420

印刷・製本　　株式会社暁印刷

定価はカバーに表示してあります。
落丁・乱丁本は弊社編集部までお送りください。送料弊社負担にてお取替えいたします。
ISBN 978-4-8026-1499-3　©2025 MARIE GOTO　Printed in Japan